ABTPRIMAS

NOTKER WOLF

MIT LEO G. LINDER

WORAUF WARTEN WIR?

Ketzerische Gedanken
zu Deutschland

ROWOHLT TASCHENBUCH VERLAG

7. Auflage August 2006

Originalausgabe
Veröffentlicht im Rowohlt Taschenbuch Verlag,
Reinbek bei Hamburg, April 2006
Copyright © 2006 by Rowohlt Verlag GmbH,
Reinbek bei Hamburg
Lektorat Regina Carstensen
Umschlaggestaltung ZERO Werbeagentur, München
(Foto: Notker Wolf OSB)
Buchgestaltung Anja Sicka
Satz aus der Frutiger PostScript (InDesign) bei
Pinkuin Satz und Datentechnik, Berlin
Druck und Bindung Druckerei C. H. Beck, Nördlingen
Printed in Germany
ISBN 13: 978 3 499 62094 2
ISBN 10: 3 499 62094 4

Wir gingen durch Feuer und Wasser. Doch du hast uns in die Freiheit hinausgeführt. ■ ■ ■ ■ ■ ■ ■ ■ ■ Psalm 66, 12

INHALT

■ 01 ■ ÜBERLEGUNGEN AUF EINEM CHINESISCHEN BAHNHOF

Ich verliere nicht leicht die Nerven. Ich habe manches erlebt und bin auf ziemlich alles gefasst. Aber damals, in der Bahnhofshalle der nordostchinesischen Stadt Shenyang, musste ich mich mühsam beherrschen. Es war meine erste Reise nach China, ich wollte mit dem Zug ins Innere der Mandschurei und bis an die nordkoreanische Grenze, und es schien mir nicht vergönnt, in den Besitz einer simplen Fahrkarte zu gelangen.

Zum Glück hatte ich meine Pfeife dabei – und Pater Sebastian, einen deutschen Benediktiner, der seit Jahren in Südkorea lebte. Pater Sebastian konnte nicht nur die chinesischen Schriftzeichen von Ortsnamen entziffern, er hatte auch ausgiebige Erfahrungen mit dem südkoreanischen Geheimdienst gesammelt. Mit anderen Worten: Er ließ sich nicht leicht ins Bockshorn jagen – und reagierte deshalb gelassen, als nach Stunden stoisch ertragenen Wartens die Reihe endlich an uns war und die Dame im Dämmerlicht des Fahrkartenschalters bloß den Kopf schüttelte und trocken erklärte, für Ausländer gebe es einen eigenen Schalter, die Treppe hoch, im ersten Stock. Er verlor nicht einmal die Fassung, als wir nach einer weiteren Stunde geduldigen Wartens im ersten Stock erfuhren, unser Devisengeld sei hier wertlos, an diesem Schalter könne man nur mit chinesischem Geld bezahlen. Er blieb auch unerschütterlich, als wir in einer dritten Schlange abermals eine gute Stunde ausharren mussten, bevor man uns die Fahrkarten tatsächlich aushändigte. Und er bewährte sich ungemein, als dann spätabends der Zug einlief und auf dem Bahnsteig ein unglaubliches Gerangel entstand, ein Stoßen und Schieben und Drängen, sodass wir uns regelrecht zu einer der Waggontüren vorkämpfen und bis in unser Abteil durchboxen mussten.

Eine harte Bewährungsprobe für unsere Geduld. Nicht die erste. Ich rief mir ins Gedächtnis, dass wir uns nicht auf einer Vergnügungsreise befanden. Ein Jahr zuvor, 1984, hatte China seine Grenzen für Individualreisende geöffnet, seither hatte ich darauf gebrannt, in die ehemalige Mandschurei zu fahren und Kontakt zu den Christen dort aufzunehmen. Würde ich überhaupt noch Christen finden? Wir Benediktiner hatten Anfang des letzten Jahrhunderts im Nordosten Chinas missioniert, hatten eine Abtei errichtet, Pfarreien gegründet, ein ganzes Schulsystem aufgebaut. Dann waren unsere Missionare von den Kommunisten des Landes verwiesen worden. Was war aus den Chinesen geworden, die sich seinerzeit zum christlichen Glauben bekehrt hatten? Niemand wusste etwas darüber. Ich fühlte mich für sie mitverantwortlich. Ich musste ihnen zeigen, dass wir sie nie vergessen hatten. Und außerdem war ich entschlossen, ein neues Kapitel unserer Missionsarbeit in China aufzuschlagen.

Ein argwöhnischer Staatssicherheitsdienst wie der chinesische konnte das, was wir vorhatten, durchaus verdächtig finden. Auf jeden Fall mussten wir Vorsichtsmaßnahmen ergreifen. Um keine schlafenden Hunde zu wecken, hatten wir nichts im Voraus gebucht, kein Hotel, keinen Flug und keine Zugfahrt. Kein übereifriger, unterbeschäftigter Geheimdienstmann irgendwo in der Provinz sollte von unseren Plänen Wind bekommen. Nur – Reisende, die unerwartet auftauchten, existierten in jenen Jahren für chinesisches Hotelpersonal eigentlich gar nicht. Oft saßen wir stundenlang auf unseren Koffern und warteten. Wieder einmal. Warteten, bis irgendwann sich irgendjemand doch noch unser erbarmte.

Nun gut, ich kann warten. Noch waren die Chinesen mit solchen Reisenden wie Pater Sebastian und mir überfordert.

ABTPRIMAS NOTKER WOLF

Bereut habe ich die langen Wartezeiten aber keineswegs. Ich habe nämlich – auf meiner ersten wie auf allen späteren Reisen – unterdessen die Menschen beobachtet und erlebt, wie ansteckend eine allgemeine Aufbruchstimmung sein kann, wie beflügelnd sich Erfolge auf ein ganzes Volk auswirken. Ich habe gesehen, mit welchem Eifer, mit welcher Energie und Zielstrebigkeit die Chinesen ihren Geschäften nachgehen. Und ich habe im Lauf der Jahre erfahren, mit welchen Hoffnungen, mit welchen großen Erwartungen sie in die Zukunft schauen, habe die Begeisterung in ihren Augen gesehen und den Stolz auf ihre Fortschritte. Eine solche Dynamik, habe ich manches Mal gedacht, muss zuletzt in den USA geherrscht haben, zu Beginn des vorigen Jahrhunderts, als Einwanderer aus der Alten Welt in ihren Briefen nach Hause berichteten, wie unwiderstehlich mitreißend das Leben in Amerika sei.

1985 kündigten sich die späteren Erfolge erst zaghaft an. Seinerzeit war Peking noch eine triste Stadt, grau in grau, und alle trugen die dunkelblaue, kommunistische Einheitsmontur. Aber das, was solche Erfolge möglich macht, war damals bereits zu spüren: Zukunftsoptimismus, Selbstvertrauen und Einsatzfreude. Mit solchen Menschen kann man viel erreichen – und wir haben seither in China auch viel erreicht, haben Schulen unterstützt, Krankenhäuser finanziert und sogar Kirchen gebaut. Nicht dass Pater Sebastian und ich gleich mit offenen Armen empfangen worden wären. Niemand hatte auf uns gewartet. Wer waren wir denn? Zwei dahergelaufene deutsche Patres im Reich der Mitte, der Sprache unkundig, mit mysteriösen Absichten und der unbegreiflichen Gewohnheit, keine Reservierungen vorzunehmen. Dennoch ist man uns nach anfänglichem Misstrauen mit Aufgeschlossenheit begegnet. Sie ließen mit sich reden, unsere chinesischen Gesprächspartner. Sie waren willens, sich überzeugen zu lassen. Diese Menschen waren Realisten, auf ihren Vorteil bedacht wie jeder vernünftige Mensch und obendrein bereit, neue Wege zu beschreiten, Wege, die seit Maos Zeiten versperrt gewesen waren. China war in Bewegung geraten, und es war großartig, das mitzuerleben.

Diese Bilder von Tüchtigkeit und Zuversicht vor Augen, bin ich auf chinesischen Bahnhöfen und in chinesischen Hotelhallen oft ins Grübeln gekommen. Bei uns in Deutschland, habe ich gedacht, steht die Luft wie in einem geschlossenen Raum. Da bewegt sich nichts. Da steht auch die Diagnose längst fest. Und diese Diagnose lautet: Es ist schlecht bestellt um unsere Welt. Unheil breitet sich aus. Noch größeres Unheil zieht herauf. Aber nichts gegen das Verderben, das sich am Horizont bereits abzeichnet. Folglich ist Pessimismus die erste Bürgerpflicht und Optimismus unverantwortlich. Schönfärberei wäre es, an dieser Welt auch nur ein gutes Haar zu lassen. Und sträflicher Leichtsinn, noch einen Hoffnungsschimmer sehen zu wollen. Nur Gewissenlose nehmen in dieser Zeit, in dieser Welt noch etwas auf die leichte Schulter. Wir haben allen Grund, schwarz zu sehen. Das Glaubensbekenntnis der Kleingläubigen.

Und wie peinlich wir alles vermeiden, was nach Zuversicht aussehen könnte. «Das hat sowieso keinen Zweck», heißt es. Oder: «Das klappt nie und nimmer.» Oder: «Das kann gar nicht funktionieren.» Als wäre es unser hart erkämpftes Menschenrecht, das Schlimmste befürchten zu dürfen und ans Misslingen zu glauben. Doch ändern darf sich auch nichts, sonst müssten wir am Ende womöglich feststellen, dass wir im Irrtum waren. Und das wäre vermutlich die größte Katastrophe – nicht Recht behalten zu haben mit unserem Pessimismus. Von China aus gesehen, erinnerte mich Deutschland an einen Masochisten, der sich erst gründlich quält und dann krankschreiben lässt.

Oder leisten wir uns bloß einen unerbittlichen Realismus? Ein geschärftes Problembewusstsein, wie es so schön heißt? Ist der Eifer, mit dem wir jeden neuen Vorschlag madig machen

ABTPRIMAS NOTKER WOLF

und jeder neuen Perspektive die düsterste Seite abgewinnen, vielleicht nur ein Zeichen unseres aufgeklärten, kritischen Verstandes? Wer sind denn die wahren Realisten? Diejenigen, denen man nichts vormachen kann, die einen untrüglichen Blick für die Schwachstelle einer jeden Sache haben, die alles, was glänzt, auf gar keinen Fall für Gold halten? Oder Menschen wie die Chinesen, die sich von ihrem ehrgeizigen Aufbauprojekt anstecken lassen, die sich ihrer Kraft bewusst sind, die der Zukunft entgegenfiebern und bereit sind, alles, was glänzt, auch wirklich für Gold zu halten?

Bei dem Gedanken an Deutschland fallen mir gewisse Klöster ein. Klöster, in denen kein Leben mehr herrscht. So etwas kommt vor. Neues Leben kann dann nur von außen kommen, wie in jenem Kloster auf einer Insel vor der südfranzösischen Küste. Die Gemeinschaft dort war auf fünf alte Mönche zusammengeschrumpft. Diese Mönche befolgten brav ihre Regel, jeder für sich, und ließen es dabei bewenden. Zeitlebens zum Schweigen angehalten, hatten sie den Kontakt zueinander verloren. Dann zogen drei junge Männer aus einer modernen Gemeinschaft ein, nahmen das Heft in die Hand, und fünfzehn Jahre später war die Gemeinschaft auf neunzig Brüder angewachsen. Sie hatten das Chorgebet und die Liturgie neu gestaltet und in die alten Mauern ein solches Leben gebracht, dass junge Menschen dort ihre Ideale verwirklicht fanden. Bei meinem Besuch merkte ich ihnen die Freude an der eigenen Berufung an und die Befriedigung, die ihre Arbeit ihnen verschaffte. Vor allem aber: Man lebte nun nicht mehr aneinander vorbei. Man traf sich häufig und redete miteinander. Es war zu einem wirklichen inneren Kontakt gekommen. Ein sterbendes Kloster hatte sich in ein aufblühendes Kloster verwandelt, und mittlerweile ist von dort ein altes, romanisches Kloster wiederbesiedelt worden und sogar eine Neugründung in Norditalien ausgegangen.

In einem Fall wie diesem haben die alteingesessenen Mönche zwei Möglichkeiten. Entweder sie machen mit, lassen sich anstecken und mitreißen. Oder sie bestreiten, dass es auch anders geht, ziehen sich beleidigt zurück und verschanzen sich hinter einer frommen Selbstgefälligkeit. Mir scheint, wir Deutschen haben uns bislang für die zweite Möglichkeit entschieden. Jeder weiß, dass es nicht mehr so weitergeht, doch jeder hofft, dass sich nichts ändern wird. Dramatische Staatsverschuldung? Zusammenbruch der Sozialsysteme? Kindermangel? Globalisierung? Ein Lösungsvorschlag nach dem anderen wird als unmoralisch und unzumutbar vom Tisch gefegt. Dabei hat das neue Leben in unserem eigenen Kloster, wenn ich so sagen darf, längst Einzug gehalten, und eine Katastrophe vermag ich darin nicht zu sehen. Vor Jahren beklagte sich ein Pater bei mir, sein Kloster sei auch nicht mehr das, in das er einmal eingetreten sei. «Sei froh», habe ich ihm geantwortet, «denn sonst wäre es ein Friedhof.»

Ob wir es wollen oder nicht – kaum etwas wird bleiben, wie es war. In absehbarer Zeit werden zwei Milliarden Menschen in Indien und China mit uns in derselben Liga spielen, als unsere Konkurrenten auf allen Märkten und Mitbewerber um ein schönes Leben. Zwei Milliarden Menschen – nicht ungebildeter als wir, beruflich nicht schlechter qualifiziert als wir, nicht phantasieloser als wir, aber hungrig auf Erfolg, strotzend vor Selbstbewusstsein und angestachelt von dem Ehrgeiz, es dem Rest der Welt zu zeigen. Das meiste von dem, was wir können, können inzwischen Hunderte von Millionen im ostasiatischen Raum auch. Wir sind nichts Besonderes mehr. Unser Vorsprung schmilzt dahin. Wir werden uns an den Gedanken gewöhnen müssen, ein Land unter vielen anderen zu sein. Deutsche Wertarbeit? Zeiss-Jena? Gut und schön. Aber die Chinesen produzieren mittlerweile Geräte von ähnlicher Qualität, nur viel billiger. Die technische Ausstattung für unser

Krankenhaus in Nordkorea beispielsweise habe ich letztes Jahr in China gekauft, für ein Fünftel des deutschen Preises. Kein sozialistischer Schrott, wohlgemerkt, sondern beste, hochwertige Instrumente. In Container verstaut, überquerten sie zwei Wochen nach meiner Bestellung bereits den Grenzfluss zwischen China und Nordkorea. Bei einer deutschen Firma hätte allein die Lieferung schon drei Monate gedauert.

Und diese Entwicklung ist unausweichlich. Nicht aufzuhalten. Längst hat sie alle Lebensbereiche erfasst. Kein Ort auf dieser Welt, der nicht per E-Mail erreichbar wäre. Kein Bergdorf, das für den Coca-Cola-Transporter zu abgelegen wäre. Keine Wüste, die vor unserer Abenteuerlust noch sicher wäre. Globalisierung ist unser Urlaub auf den Malediven genauso wie die Erdgasleitung zwischen Sibirien und Sizilien oder spottbillige T-Shirts «made in China». Globalisierung ist aber auch das Abwandern von Industrien und Arbeitsplätzen nach Fernost, sind Arbeitslosigkeit und leere Kassen hier bei uns. Man mag das bedauerlich oder beängstigend finden. Man kann, wie die Globalisierungsgegner von Attac, das zerstörerische Walten eines entfesselten Neoliberalismus darin erkennen und unsere Errungenschaften dadurch bedroht sehen. Aber es hilft nichts. Revolutionäre Entwicklungen verlaufen unkontrolliert. Die Französische Revolution hat seinerzeit die Errungenschaften des Adels massiv gefährdet – danach war es nämlich mit dem schönen Leben auf illuminierten Schlössern für die meisten erst einmal vorbei. Heute begreifen wir die Französische Revolution als großen politischen Fortschritt, aber aus Sicht des französischen Adels war sie vermutlich eine neoliberale Barbarei.

Wer sich die Parteien und Gewerkschaften in Deutschland heute anschaut, könnte den Eindruck gewinnen, alle befänden sich in einem Abwehrkampf gegen das, was auf uns zukommt. Diesen Kampf haben wir schon verloren. Denn wenn alle alles gleich gut können, dann gewinnt am Ende der, der weniger Ansprüche stellt. Dem es nicht um sein Recht auf Seeigelkaviar geht, sondern um den Zugriff auf das Lebensnotwendige. Und wohl auch der, der wie die Chinesen eine Vision hat. Die chinesische Vision ist klar und überzeugend: Alles daransetzen, selbst zu Reichtum zu kommen, und nach anderthalb Jahrhunderten der Demütigungen und Schwäche den alten Glanz, die alte Größe Chinas als Reich der Mitte wiederherzustellen. Für die Chinesen ist das seit fünfundzwanzig Jahren Motivation genug, alljährlich ein Wirtschaftswachstum von rund neun Prozent hinzulegen. Es ist nur eine Frage der Zeit, bis die chinesische Volkswirtschaft an der amerikanischen vorbeizieht – von zwanzig Jahren sprechen die einen, von vierzig Jahren andere. Doch lange vorher schon wird es mit unserer gemütlichen europäischen Welt vorbei sein.

Der Betreuungsstaat sozialdemokratischer Prägung ist bereits am Ende. Die Politik kann uns nicht mehr die Privilegien garantieren, die wir, verglichen mit dem Rest der Welt, bisher genossen haben. Und ich halte es nur für fair, den anderen die gleichen Chancen im weltweiten Wettbewerb einzuräumen wie uns selbst. Wenn wir vernünftig wären, sagt Lee Kuan Yu, der langjährige Regierungschef von Singapur, wenn uns unser Wohl tatsächlich am Herzen läge, dann würden wir die unumgänglichen Reformen so schnell wie möglich hinter uns bringen. Worauf warten wir also noch? Darauf, dass es wieder so schön wie früher wird? Dass wir aufwachen, und die Globalisierung war nur ein hässlicher Spuk? Dass die Welt sich doch noch unseren Wunschträumen fügt? Glauben wir immer noch, mit den alten Rezepten gegen die neue Wirklichkeit Recht behalten zu können?

In dreiundzwanzig Jahren als Erzabt von Sankt Ottilien und fünf Jahren als Abtprimas des Benediktinerordens habe ich die Erfahrung gemacht, dass man nicht auf bessere Zeiten oder günstigere Umstände warten darf. Ich habe erlebt, dass das Unvorstellbare in greifbare Nähe rückt, wenn man aus dem Bewusstsein seiner persönlichen Freiheit heraus ein Gefühl dafür entwickelt, wie weit die eigene Kraft reicht und was alles im Bereich des Möglichen liegt. Das klappt nie und nimmer? Das hat sowieso keinen Zweck? Das kann gar nicht funktionieren? Wenn ich damals auf die Schwarzseher gehört hätte, wäre ich niemals nach China gekommen …

■ 02 ■ EINE REISE IN DIE ZUKUNFT

«Reden willst du mit denen? Mit chinesischen Kommunisten?» – «Ich versuch's. Ich will halt schauen, was sich machen
lässt. Man kann's doch versuchen, oder?» – «Mensch, Notker,
die Chinesen lassen nicht mit sich reden.» – «Warum sollten sie
das nicht?» – «Sinnlos. Zu früh. Die Zeit ist noch nicht reif. Lass
die Finger davon, bis die Verhältnisse in China sich geändert
haben. Irgendwann, früher oder später, werden sie sich für
liberalere Ideen öffnen müssen …»

Niemand hielt es im Herbst 1984 für eine sonderlich gute
Idee, nach China zu fahren. Die Diagnose stand wieder einmal
fest: Aussichtslos – mit Chinesen kann man nicht verhandeln.
Überall begegnete ich einem tief verwurzelten Glauben an den
Fehlschlag, an die Macht der Verhältnisse und die eigene Hilflosigkeit. Der einzige Mensch von ungetrübtem Optimismus
war Pater Sebastian. Der kam Ende des Jahres aus Südkorea
(wo er einen Verlag leitete), sah mir in die Augen und sagte:
«Du, Notker, hättest du nicht Lust, nach China zu fahren? Ich
habe das Gefühl, wir sollten uns da mal umschauen.» – «Sebastian, was glaubst du, was ich seit Monaten mache?», sagte
ich. «Ich rufe Reisebüros an, melde mich mit Anton Müller und
erkundige mich, ob die Chinesen schon Privatreisen zulassen.
Und gerade habe ich gehört, dass es jetzt möglich ist. Lass uns
gleich nächstes Jahr hinfahren!»

Noch einer bestärkte mich – Franz Josef Strauß, bayerischer
Ministerpräsident und Intimfeind der deutschen Linken, jüngst
erst als guter Freund des chinesischen Volkes aus dem Reich
der Mitte zurückgekehrt. In dem Empfehlungsschreiben, das
er uns mit auf den Weg gab, hieß es: «Die beiden Bürger des
Freistaates Bayern (es folgen unsere Namen) möchten China
bereisen. Ich bitte, ihnen kompetente Gesprächspartner zur

Verfügung zu stellen ...» Dass die chinesische Botschaft in Bonn mir kein Visum ausstellte, bekümmerte Pater Sebastian wenig. «Das besorgen wir uns in Hongkong», sagte er. «Und zwar innerhalb von vierundzwanzig Stunden. Ich weiß, wo.»

Anfang Mai 1985 saß ich also in einem Flugzeug nach Hongkong, wo wir uns treffen wollten. Was erwartete mich? Ich hatte keine Ahnung. Ich wusste nur: Hoch oben, im Nordosten Chinas, lag unser altes Missionsgebiet, und fast an der Grenze zu Russland und Nordkorea musste es eine Stadt namens Yanji geben. Benediktinermönche aus Sankt Ottilien hatten 1920 dort zusammen mit anderen Ordensbrüdern eine Abtei gegründet. Als die Kommunisten 1946 in Yanji einmarschierten, war unser Kloster sofort geschlossen worden. Die koreanischstämmigen Mönche waren über die nahe Grenze in die Heimat ihrer Vorfahren geflohen, und von den deutschen Brüdern waren drei ermordet, alle anderen ins Gefängnis geworfen worden. Seit der Ausweisung der letzten Überlebenden 1952 hatten wir überhaupt keine Nachricht mehr aus Yanji. Diese Geschichte ließ mir seit langem keine Ruhe. Ich wollte unbedingt wissen, wie es dort heute ausschaut und ob man überhaupt noch auf Spuren unserer Tätigkeit treffen würde. Außerdem fühlte ich mich in der Pflicht – gegenüber den Gründern all dieser Schulen und Kirchen, aber auch gegenüber den Menschen, die damals Christen geworden waren. Es mochten ja etliche von ihnen noch leben. Ich hätte es verantwortungslos gefunden, sie ihrem Schicksal zu überlassen.

In Hongkong traf ich meinen Reisegefährten. Innerhalb von vierundzwanzig Stunden erhielt ich ein Express-Visum. Zwei Tage später flogen wir nach Peking weiter.

Pater Sebastian war voller Tatendrang. Eine nostalgische Reise in die ruhmreiche Vergangenheit unseres Ordens war ihm zu wenig. Gleich jetzt, bei dieser Gelegenheit, sollten wir erste Beziehungen anknüpfen, sollten uns Vorschläge für eine künftige Zusammenarbeit überlegen und soziale Projekte in Aussicht stellen können, um das Eis zu brechen. Also den Faden, der vor vierzig Jahren abgerissen war, wieder aufnehmen. Und – uns so unauffällig wie möglich im Land bewegen. Keine Reservierungen! Andernfalls müssten wir damit rechnen, am nächsten Bahnhof, vor dem nächsten Hotel vom Geheimdienst in Empfang genommen zu werden.

Die Ankunft in Peking war ernüchternd. Fünf- bis sechsstöckige Wohnhäuser, Block an Block, graue Betonfassaden, so weit das Auge reichte, in den Straßen Schwärme von Fahrradfahrern und jeder im blauen Maokittel. Es war trostlos. Und noch auf dem Flughafen lernten wir, wie es Leuten ergeht, die nicht im Voraus gebucht haben. «Meiyou» war mein erstes chinesisches Wort. Meiyou – «Haben wir nicht». Im Informationsbüro auf dem Flughafen rief man zwar pflichtschuldig ein Hotel nach dem anderen an, aber die Antwort lautete in jedem Fall «meiyou». Unverrichteter Dinge zogen wir ab, nahmen uns ein Taxi und fuhren über eine Schotterstraße nach Peking hinein. Als wir uns dem ersten Hotel näherten, neigte die Fahrerin ihren Kopf gegen die zusammengelegten Hände und sah uns fragend an. Ob wir ein Bett für die Nacht suchen würden? Wir nickten. Sie winkte ab und wandte sich wieder der Straße zu. Wir ließen trotzdem vor dem Hotel halten und stiegen aus. An der Rezeption hieß es bloß kurz und trocken: «meiyou». Wo wir sonst übernachten könnten? Achselzucken. «Sie müssen sich beim Travel Service melden», sagte einer. – «Wie lange hat der auf?» – «Bis fünf.» Die große Uhr hinter seinem Rücken zeigte kurz vor sechs. Wollte er uns auf die bequeme Tour loswerden? Wir beschlossen zu bleiben.

Seit drei Stunden saßen wir auf unseren Koffern in der Hotelhalle, als jemand von der Rezeption zu uns herüberkam und uns erklärte, wir könnten jetzt in den Speisesaal. Pater Sebastian sah sich genauso außerstande wie ich, die Speisekarte zu entziffern, deshalb zeigten wir auf die Teller anderer Leute und warfen dem Kellner aufmunternde Blicke zu, bekamen aber irgendetwas anderes serviert. Wieder zu unseren Koffern zurückgekehrt, eröffnete uns der Rezeptionist, ab elf gebe es für uns zwei Betten in einem Schlafsaal. Ich erhob keine Einwände. Als Mönche hatten wir uns früh daran gewöhnt, in Sälen zu schlafen. Als Schüler in Sankt Ottilien hatte ich mir einen Schlafsaal mit neunundfünfzig anderen geteilt, und später, als Novize, waren wir im Schlafsaal zu zwanzig gewesen. Das Doppelzimmer, das uns kurz vor elf dann plötzlich angeboten wurde, war mir dennoch lieber. Ein Doppelzimmer war überhaupt die beste Lösung. So konnte keiner von uns beiden still und leise in irgendeiner Versenkung verschwinden. (Zwei Tage später trafen wir eine Dänin, die sich auskannte. Sie sagte: «Wissen Sie, wenn Sie lange genug warten, kriegen Sie in China immer ein Zimmer. Es gibt nämlich eine Anordnung, Ausländer nicht auf der Straße stehen zu lassen. Nur – wenn man nicht vorbestellt, gibt es eben so lange kein Zimmer, bis diese Regelung in Kraft tritt. Ist doch logisch.»)

Am nächsten Tag ließen wir einen Teil unseres Gepäcks in der deutschen Botschaft – was uns Vorteile beim «Nahkampf» um die Zugabteile verschaffen sollte –, vereinbarten mit dem Kulturattaché, nach uns Ausschau zu halten, sollten wir innerhalb von vierzehn Tagen nicht wieder zurücksein, und flogen nach Shenyang – wo wir, wie schon berichtet, auf dem Bahnhof einen halben Tag zwischen Hoffen und Bangen schwebten, bis wir die Fahrkarten für die Weiterfahrt nach Norden endlich in Händen hielten. Der Zug sollte erst spätabends gehen, vorher wollten wir uns den Kaiserpalast von Shenyang ansehen, und auf dem Weg dahin gesellte sich einer zu uns. Ein ungemein neugieriger Chinese. Gewiss nicht die Art von «kompetentem Gesprächspartner», an die Franz Josef Strauß gedacht hatte, dennoch jemand, an dem zumindest Pater Sebastian sein

Vergnügen hatte. «Der Erzabt von Sankt Ottilien mit einem Informanten des chinesischen Geheimdienstes», murmelte er grinsend. «Das ist zu schön. Das muss ich fotografieren.» Dann sagte er laut auf Englisch: «Geht nur schon weiter. Mir ist der Schuh aufgegangen», bückte sich und machte ein Foto von uns beiden. Unser Begleiter versuchte noch eine Weile, hinter unsere Geheimnisse zu kommen, fand uns ausgesprochen fad und ließ schließlich von uns ab.

Wir hatten Erste-Klasse-Fahrkarten (wie sie für Ausländer obligatorisch waren), saßen im Erste-Klasse-Wartesaal und tranken gerade Tee, als der Zug einlief. Im nächsten Augenblick herrschte auf dem nächtlichen Bahnhof ein bedrohliches Getümmel. Offenbar gab es für diese Situation keine Regel, jedenfalls setzten die Chinesen, bis eben noch höflich und disziplinert, jetzt alles ein, was irgendwie als Hieb- und Stichwaffe taugte. Knie und Ellbogen taten wertvolle Dienste, und wir sahen uns gezwungen, unseren Weg ins Abteil buchstäblich freizukämpfen. Mit feiner Zurückhaltung hätten wir nichts auszurichten vermocht. Anschließend genossen wir unseren Triumph auf langen, mit rotem Samt überzogenen und weißen Deckchen belegten Liegen – der Zug war ein russisches Fabrikat und die Einrichtung daher auf unsere Körpermaße zugeschnitten. So feudal war ich in deutschen Zügen noch nie gereist. Hin und wieder kam eine Dame herein und brachte uns Tee, und gegen Mitternacht kamen wir in Jilin an.

Keine halbe Stunde später wurden wir von drei jungen Polizisten in einem Mercedes-Kastenwagen aus den dreißiger Jahren zum Hotel gefahren. Die Bahnhofsvorsteherin von Jilin, eine mütterliche Person, hatte beide Ausländerherbergen des Ortes angerufen, war beide Male mit «meiyou» abgespeist worden, hatte beide Male zornig den Hörer auf die Gabel geknallt, war dann auf den düsteren Bahnhofsvorplatz gestürzt und hatte drei Polizisten hereingeschleift. In einem

Tonfall, so gebieterisch wie ihre Gestik, hatte sie den dreien eingeschärft, diesen gestrandeten Ausländern ein Quartier zu beschaffen, komme, was da wolle, und so saßen wir jetzt im Fond eines Polizeiautos auf dunkelroten Samtpolstern und lachten in uns hinein – da leistete uns die örtliche Polizei Quartiermacherdienste, während uns die Geheimpolizei bereits auf ihrem Radarschirm hatte! Vor dem ersten Hotel stand ein grimmiger Wächter in einem Kirgisenpelz, der brauchte nur «meiyou» zu sagen, und wir setzten unsere Fahrt fort. Aber als sich dieses Spiel im zweiten Hotel wiederholte, wurden unsere drei Polizisten deutlich, und zehn Minuten später hatten wir ein wunderbares Doppelzimmer.

Hier in Jilin trafen wir die ersten Christen. Einen Priester, der in seiner kleinen, neugotischen Kirche gerade die Messe zelebrierte und uns hinterher die letzten Diözesanschwestern von Jilin vorstellte. Ich war erschüttert. Da kamen sieben alte Weiblein herein. Alle waren sie vermummt, trugen russische Hosen und Jacken und hatten die Köpfe umwickelt, trotzdem entdeckte ich in einigen Gesichtern Narben. Sie hatten wohl manche Folterung über sich ergehen lassen müssen und dennoch durchgehalten. Der Priester sprach leidlich gut französisch, aber ich gab mich nicht zu erkennen; ich wollte sie nicht in Gefahr bringen und verabschiedete mich, nachdem wir ein paar Höflichkeiten ausgetauscht hatten.

Noch waren wir nicht am Ziel. Am selben Abend eroberten wir uns ein Abteil im Nachtzug nach Yanji, der Hauptstadt der autonomen koreanischen Region, und für die nächsten Stunden fuhren wir durch die Dunkelheit, immer in östlicher Richtung, dem hintersten Winkel der Mandschurei entgegen. Im Speisewagen bot man uns eine Flasche vorzüglichen alten Portwein an – wohl über Macao ins Land gekommen –, unsere vergnügte Stimmung erfuhr eine weitere, unvorhergesehene Steigerung, und um fünf Uhr morgens hatten wir endlich die

Stadt erreicht, in der unsere Ottilianer Benediktiner jahrzehntelang erfolgreich gewirkt hatten. Wir stiegen praktisch auf freiem Feld aus, denn der Bahnhof war unlängst abgerissen worden, fuhren mit dem Taxi zum einzigen Ausländerhotel – und wurden bereits erwartet. Der Hoteldirektor und der Polizeichef gaben sich ungeachtet der frühen Morgenstunde die Ehre. Was wir in diesem abgelegenen Teil Chinas eigentlich vorhätten? Herumzureisen, antwortete ich, nichts weiter. «Aber die Touristen fahren doch alle in den Süden!?» – «Ebendeshalb fahren wir in den Norden. Ich möchte einen Artikel über die Schönheiten des Nordens schreiben.» Wir beharrten darauf, normale Touristen zu sein. Das Palaver zog sich noch eine Weile hin, dann gab der Polizeichef auf und überließ uns einem Führer, der uns auf all unseren Wegen in Yanji begleiten sollte. Für die Dauer unseres Aufenthalts mussten wir zudem ein Taxi anmieten.

Doch nach dem Frühstück war von Taxifahren keine Rede mehr. «Heute müssen wir zu Fuß gehen», eröffnete uns unser Führer. «Die Taxis von Yanji sind alle ausgebucht.» – «Wir Deutschen marschieren gern», entgegnete Pater Sebastian, und wir liefen los. Das Katz-und-Maus-Spiel konnte beginnen.

ABTPRIMAS NOTKER WOLF

■ 03 ■ DAS 29. KAPITEL DER APOSTEL-GESCHICHTE

Alles bisher war Vorgeplänkel gewesen. Jetzt wurde es ernst. Pater Sebastian hatte nämlich in Seoul eine rätselhafte Botschaft erhalten: Wenn ihr in Yanji seid, geht im Krankenhaus auf die neunte Station, alles Weitere wird sich ergeben. Mithin mussten wir als Nächstes versuchen, uns unbemerkt Zutritt zum Krankenhaus von Yanji zu verschaffen.

Einstweilen waren wir allerdings in der Obhut unseres Führers. Während des Vormittags konnten wir uns nicht selbständig machen, erhaschten aber bei unserer Stadtbesichtigung einen Blick auf dieses Krankenhaus. Und dann erlebten wir eine aufregende Stunde. Wir kamen zur Musik- und Tanzschule von Yanji, offenbar eine der Sehenswürdigkeiten – und standen vor unserem ehemaligen Schwesternkloster! Wenig später tauchte das Militärhauptquartier vor uns auf, und ich erkannte augenblicklich unsere alte Abtei und die Kirche! Unser Führer, von koreanischer Abstammung wie die meisten in Yanji, war so diskret, nicht nach dem Grund für unsere offenkundige Begeisterung zu fragen. Er wollte auch nicht wissen, woher Pater Sebastian fließend Koreanisch konnte. Wir luden ihn zu einem guten Mittagessen ein, verabschiedeten uns dann von ihm zu einer ausgiebigen Siesta, betraten unser Hotel durch die Vordertür, verließen es gleich wieder durch die Hintertür und machten uns auf den Weg zum Krankenhaus.

Wir tauchten im Menschengewimmel eines Marktes unter und erreichten unbehelligt unser Ziel. Beim flüchtigen Blick zurück durch die gläserne Eingangstür fielen uns zwei Gestalten am Rande des Marktes auf, die sich suchend in alle Richtungen umschauten; sie machten einen nervösen Eindruck.

Wir liefen weiter, über Gänge und Treppen, fragten uns zur neunten Station durch und traten ein. Sogleich wurde eine der Ärztinnen dort auf uns aufmerksam. Sie schaute uns mit zur Seite gelegtem Kopf an, zog dann wortlos ihren weißen Kittel aus und winkte uns, ihr zu folgen. Ich habe nie herausgefunden, wer diese Frau war. Ich habe sie später nie mehr gesehen. Durch einen Seitenausgang traten wir auf die Straße und gingen so unauffällig wie möglich hinter ihr her, bis wir nach etwa zwanzig Minuten zu einem Häuserblock kamen, wo sie in einen Innenhof einbog. Im nächsten Moment standen wir vor einer Tür. Wir sahen sie an, sie nickte, und wir klopften. Schlurfende Schritte waren zu vernehmen, und eine alte, bucklige Frau öffnete. Sofort erfasste sie die Situation, trat zur Seite und ließ uns ein. Im selben Moment war unsere Führerin verschwunden.

Da standen wir, und die alte Frau begann mit brüchiger Stimme zu erzählen. Uns wurde klar, dass wir uns an dem Ort befanden, wo sich seit dreißig Jahren die Christen von Yanji versammelten. Ihr Name sei Domitilla, sagte sie, und ich musste an jene Christin im alten Rom denken, nach der eine Katakombe benannt worden war. Jetzt, so erfuhren wir, gebe es nur noch vier kleine Gemeinden in dieser Gegend, zwei davon auf dem Land. Vier Gemeinden und ein Pfarrer, zusammen nicht mehr als 200 Menschen – dieses Häuflein war von den einstmals 30 000 Christen in Yanji also übrig geblieben. Noch während wir Domitillas Bericht lauschten, trafen immer mehr von diesen Standhaften ein – offenbar sprach sich unsere Ankunft wie ein Lauffeuer herum, und bald wurde es eng in Domitillas kleiner Wohnung. Alle waren gerührt, Pater Sebastian und ich nicht weniger als die anderen, und viele hatten Tränen in den Augen. Diese chinesischen Christen zerflossen beinahe vor Freude darüber, dass wir sie nicht vergessen hatten, und wir waren tief berührt davon, wie unerschütterlich

ABTPRIMAS NOTKER WOLF

sie zusammengehalten hatten. Unsere als sinn- und zwecklos beargwöhnte Reise hatte sich bereits gelohnt, selbst wenn es uns diesmal noch nicht vergönnt wäre, neue Projekte in Angriff zu nehmen.

Nachts gegen elf wurden wir von einem Militärbus abgeholt. Am Steuer saß Domitillas Adoptivsohn, der gerade seinen Militärdienst leistete und uns partout mit einem Omnibus der chinesischen Armee zurückbringen wollte! Nicht genug damit, drehte er vor unserem Hotel erst einmal laut hupend ein paar Runden, bevor er uns absetzte. Mir blieb fast das Herz stehen. Aber der junge Mann meinte, es sollten nur alle wissen, dass wir des Christenhäufchens wegen nach Yanji gekommen seien – er musste seiner Freude einfach Luft machen. Von unseren Aufpassern war gottlob nichts zu sehen. Vielleicht besprachen sie gerade ihren Misserfolg.

Am anderen Morgen erzählte mir Pater Sebastian, Ordensschwestern in Südkorea hätten ihm Medikamente für eine Mitschwester übergeben, die beim Einmarsch der Kommunisten seinerzeit nicht geflüchtet war und noch leben müsse, und zwar unter den Christen draußen auf dem Land. Das Problem sei nur, dass das Umland von Yanji nach wie vor für Ausländer gesperrt sei. Fünf Minuten später trat unser Führer ein und erklärte, in der Stadt selbst gebe es nicht mehr viel zu sehen, aber außerhalb der Stadt sei ein Bauernmuseum zu besichtigen, das er uns gern zeigen würde. Ich traute meinen Ohren nicht. «Ich bin ein Fachmann für Bauernmuseen», erklärte ich. «Ich kann es kaum erwarten, dieses Museum zu besuchen.»

Wir bestiegen ein Taxi – heute waren sie also nicht alle ausgebucht –, fuhren aufs Land und näherten uns bald einer kleinen Stadt. Da geschah etwas Merkwürdiges. Auf einer Brücke am Ortsrand hatten sich Männer versammelt; sie winkten aufgeregt und riefen uns etwas zu, und als wir herankamen, verstand Pater Sebastian ihre Rufe: «Herr Pater! Herr Pater!»

WORAUF WARTEN WIR?

Wir schauten uns an. Das mussten die Christen sein, die wir suchten. Aber woher konnten sie wissen, dass wir kamen? «Es gibt viele Geheimnisse in China, aber es bleibt nichts geheim», meinte Pater Sebastian schmunzelnd (und brachte damit auf den Punkt, was für mich die Quintessenz meiner chinesischen Erfahrungen ist). Im Augenblick blieb uns allerdings nichts anderes übrig, als unsere Fahrt fortzusetzen. So winkten wir nur zurück.

Ich hatte nicht übertrieben, ich bin tatsächlich Experte in Bauernmuseen. In Sankt Ottilien haben wir nämlich ein Missionsmuseum mit einer Asienabteilung, und als Schüler hatte ich sonntags oft Besucher durchgeführt. Ich kannte mich mit Epochen und Stilen aus, nahm jetzt einen Topf nach dem anderen in die Hand, begutachtete jeden fachmännisch, sagte anerkennend: «Ganz erstaunlich. Dieser hier muss mindestens zweihundert Jahre alt sein. Der dort drüben scheint etwas jüngeren Datums zu sein», und alle waren tief beeindruckt. So weit, so gut. Jetzt mussten wir nur noch unseren Führer abschütteln. Während des Mittagessens entschloss sich Pater Sebastian, in die Offensive zu gehen. «Es soll hier eine Kirche geben», sagte er beiläufig zu ihm. «Es wäre schön, wenn wir die noch besichtigen könnten. Fahren Sie nur schon mit dem Taxi zurück, wir nehmen dann später den Bus.» Und der Mann willigte ein! Möglich, dass ihn das gute Essen, die gute Stimmung, der reibungslose Verlauf in einen Zustand der Seligkeit versetzt hatten und er jetzt jeden Missklang vermeiden wollte, jedenfalls fuhr unser Führer ohne uns zurück.

Alle hatten sich in der Kirche versammelt. Es war noch die alte Kirche, heruntergekommen und baufällig, aber gut genug für ein gemeinsames Gebet nach langer Zeit. Es war ergreifend für alle. Auch die koreanische Schwester tauchte auf, eine hagere, alte Frau mit dem milden Gesichtsausdruck eines Menschen, der sein Leben lang in aller Bescheidenheit Gutes getan und manches durchlitten hat. Sie hatte seinerzeit die chinesische Staatsbürgerschaft angenommen und durfte später ganz offiziell ein Nonnenkloster gründen und Novizinnen aufnehmen.

Wir waren gerade eine Stunde beisammen, als die Tür aufging. Unser Führer war zurück, etwas nervöser, etwas bleicher als zuvor. Die Taxifahrerin hatte ihn unterwegs gefragt, ob wir eine Sondergenehmigung zum Verlassen des Stadtgebiets hätten. Daraufhin hatte er in der Zentrale angerufen und den Befehl bekommen, uns auf dem schnellsten Weg herbeizuschaffen. Immerhin war er so freundlich, uns am Haus der Domitilla abzusetzen, und als wir eintraten, saß da der Polizeichef von Yanji.

Das Verhör begann damit, dass der Polizeichef die Anmeldescheine sämtlicher Hotels aus der Tasche zog, in denen wir abgestiegen waren. «Hier steht nichts davon, dass Sie Priester sind», sagte er. «Welchen Grund hatten Sie, das zu verschweigen?» – «Stimmt», entgegnete ich. «Ich habe jedes Mal ‹Archabbot› (Erzabt) geschrieben. Aber was wollen Sie? Ein Bischof würde auch nicht dazusetzen, dass er Priester ist. Das weiß doch jedes Kind …» So bekam er uns also nicht zu fassen. Er ließ aber nicht locker, stellte eine Menge kleinlicher Fragen und bestand schließlich darauf, dass wir ihm auf die Polizeistation folgten. Ich überlegte. «Sehen Sie», sagte ich, «gleich ist es fünf. Um fünf Uhr gibt es Abendessen. Ich würde ungern gegen chinesische Sitten verstoßen. Sie werden verstehen, dass wir jetzt ins Hotel müssen.» Nun ja, das verstand er. «Dann kommen Sie hinterher zu mir.» – «Auch das wird sich kaum machen lassen», schaltete sich Pater Sebastian da ein. «Sehen Sie, meinem Chef geht es nicht gut. Er hatte den ganzen Tag schon Kopfschmerzen. Ich weiß nicht, was er sich zugezogen hat, aber er braucht Ruhe. Wenn Sie hingegen mit mir vorlieb nehmen wollen – ich bin bereit, Ihnen nach dem

Abendessen Rede und Antwort zu stehen. Und zwar hier, in Gegenwart der Christen.» Worauf sich der Polizeichef von Yanji widerwillig einließ.

Diese Runde war an uns gegangen. Der nächsten Runde sah ich jedoch mit einigem Bangen entgegen. Der Mann würde sich nicht ewig überrumpeln lassen. Als Pater Sebastian nach dem Essen zum zweiten Verhör aufbrach, zog ich mich deshalb aufs Zimmer zurück, kniete nieder und betete den Rosenkranz. Zwei Stunden lang. Dann ging die Tür auf, und im Rahmen stand ein strahlender Pater Sebastian. «Alles okay», sagte er. «Uns passiert nichts – wenn wir in Zukunft auf Landpartien verzichten.» Pater Sebastian war wirklich unbezahlbar. Keine Ahnung, wie er den Polizeichef besänftigt hatte. Seine Erfahrungen mit dem südkoreanischen Geheimdienst zahlten sich jedenfalls immer wieder aus.

Und mit einem Mal schien alles möglich. Nicht nur, dass wir von nun an völlig ungezwungen mit den Christen im Haus der Domitilla verkehrten. Sogar die Mächtigen von Yanji waren plötzlich für uns zu sprechen, der Bürgermeister beispielsweise und auch der Präsident der Universität. Dem Bürgermeister machten wir das Angebot, eine Behindertenstation für sein Krankenhaus zu bauen (woraus nichts wurde, weil ihm das nicht repräsentativ genug war), und schlugen ihm obendrein eine Städtepartnerschaft mit Augsburg vor (woraus auch nichts wurde, weil die Augsburger bereits eine Partnerschaft mit einer japanischen Stadt unterhielten und atmosphärische Störungen befürchteten). Und dem Präsidenten der Universität boten wir ein Stipendium an, das einem seiner Studenten ein Studium an einer deutschen Universität ermöglichen sollte – als erster Schritt zu guten, stabilen Beziehungen zwischen Yanji und Deutschland. (Er fand dann auch einen geeigneten Kandidaten für dieses Stipendium, nämlich seinen eigenen Sohn. Aber das störte mich nicht. So sind eben die Sitten, und

ABTPRIMAS NOTKER WOLF

dieser Sohn hat dann tatsächlich einige Semester Informatik in München studiert.)

Nach all diesen Erlebnissen waren wir zuversichtlich, unsere Arbeit in Yanji eines Tages wieder aufnehmen zu können. Was unsere Vorgänger geschafft hatten, das musste uns auch gelingen. Ein neuer Anfang war jedenfalls gemacht. Vor unserer Rückreise allerdings wollten wir noch die letzte Christengemeinde besuchen, die abgelegenste, in einem Ort direkt an der Grenze zu Nordkorea. Wir bestiegen deshalb morgens um fünf den Zug – und kaum hatten wir Platz genommen, gesellte sich wie aus heiterem Himmel ein Bekannter zu uns. Er gehörte zu den Christen von Yanji, arbeitete aber für den Geheimdienst. Mit anderen Worten: ein Spitzel. Domitilla hatte uns vor ihm gewarnt.

Gut, wir ließen uns nichts anmerken. Pater Sebastian unterhielt sich während der Fahrt prächtig mit dem Mann. Nur, irgendwie mussten wir ihn loswerden. Am Bahnhof des Grenzortes Tumen wurden wir von einem Katecheten abgeholt, der beim Anblick unseres Begleiters erstarrte. «Machen wir es à la italiana», sagte ich und schlug vor, frühstücken zu gehen. Gleich neben dem Bahnhof fand sich eine Bar. Wir hatten zwei Stunden Aufenthalt, viel Zeit blieb also nicht. Da kam mir eine Idee. «Es ist wunderbar, dass Sie mitgekommen sind», wandte ich mich an unseren falschen Freund. «Wir wollen nämlich noch schnell die Kirche hier besichtigen, da wäre uns unser Gepäck nur hinderlich. Wollen Sie nicht derweil auf unsere Taschen Acht geben? Wir sind bald wieder zurück.» Und damit waren wir auch schon aus der Tür.

Der Mann war so verblüfft, dass er tatsächlich sitzen blieb. Im Eilmarsch gelangten wir zu einem Kirchlein, in dem bereits die ganze Gemeinde versammelt war, dreißig Leute vielleicht, die meisten schon sehr alt. Sie hatten handgeschriebene Gebetbücher, weil ihre alten, gedruckten in der Kulturrevolution vernichtet worden waren. Sie hatten uns mit bangem Herzen erwartet, und es wäre furchtbar für sie gewesen, wenn wir nicht gekommen wären. Ich sprach ein paar Worte der Ermutigung zu ihnen. Dann mussten wir schon wieder zum Bahnhof zurück, und als wir in die Bar kamen, saß unser Spitzel tatsächlich immer noch da und bewachte treu und brav unsere Taschen. Beim Abschied haben wir uns überschwänglich bei ihm bedankt – und hinterher, im Hotel, wie so oft auf dieser Reise, herzlich gelacht.

Wir machten uns auf die Rückreise. Im Bahnhof von Harbin lief uns ein Kamerateam des ZDF über den Weg. Das Erstaunen war beiderseitig. «Was treibt ihr denn hier?», fragte ich sie. – «Wir sind auf der Suche nach Minderheiten», lautete die Antwort. «Und ihr? Was tut ihr hier?» – «Nun», sagte ich lachend, «wir sind aus demselben Grund hier.»

Anderntags fuhren wir mit dem Zug nach Peking zurück. Wir holten unser Gepäck in der deutschen Botschaft ab, nahmen noch am selben Nachmittag ein Flugzeug und landeten spätabends in Hongkong, wo wir als Erstes zu McDonald's gingen. Heute weiß ich, was man in China essen kann. Aber auf dieser ersten Reise waren wir so unerfahren, dass wir beinahe verhungert wären. Vieles von dem, was uns vorgesetzt worden war, hatten wir ungenießbar gefunden, und zum ersten Mal in meinem Leben habe ich in dieser Nacht mit Wonne in einen Hamburger gebissen.

Drei Monate nach unserer Rückkehr erreichte mich in Sankt Ottilien die Nachricht, dass Domitilla einen Schlaganfall erlitten habe und nicht mehr bei sich sei. Hätten wir unsere Reise nur drei Monate später unternommen, es wäre womöglich zu spät gewesen. Wer weiß, ob wir dann den Faden noch einmal hätten aufnehmen können. Wir waren wohl im allerletzten Augenblick gekommen. Ich sah darin das Walten der göttlichen Vorsehung.

ABTPRIMAS NOTKER WOLF

■ 04 ■ WAS MACHST DU, WENN ES NICHT KLAPPT?

In den folgenden Jahren war ich in Deutschland und Afrika so stark beschäftigt, dass an eine weitere Reise nach China nicht zu denken war, aber deutsche Brüder aus Südkorea machten auf ihren Reisen regelmäßig Zwischenstation in der Mandschurei. Doch 1989 hielt es mich nicht länger. Am 4. Juni 1989 war ich gerade dabei, meinen Koffer zu packen, als die Nachricht vom Massaker auf dem Platz des Himmlischen Friedens in Peking über die Sender ging – chinesische Militäreinheiten hatten mit ihren Panzern eine Studentendemonstration blutig beendet. Was tun? Trotzdem fahren?

Bloß nicht!, schallte es von allen Seiten. Die Chinesen gehören bestraft! Hilfsorganisationen, die Bundesregierung, die Presse, alle plädierten sie dafür, die Beziehungen einstweilen einzufrieren. Unterdessen erhielt ich Briefe aus China: Wo bleibt ihr? Wir brauchen euch jetzt dringender denn je! Ich verstand den Zorn auf die chinesische Regierung hier bei uns, zog aber meine eigenen Schlüsse. Im August desselben Jahres packte ich erneut meinen Koffer. In Deutschland wurde meine Unvernunft angeprangert. Man warf mir vor, der Kirche zu schaden. Etliche schienen vergessen zu haben, dass das Mönchtum eine Bewegung ist. Unterwegs sein, immer auf der Suche, das ist das Wesen des Mönchtums, und ich bin Mönch. In der Gesellschaft zweier Missionsbenediktinerinnen und zweier Mitbrüder, auf deren Humor Verlass war, machte ich mich auf den Weg. Und was alle für einen Fehler gehalten hatten, war der Beginn einer fruchtbaren Zusammenarbeit zwischen Chinesen und Benediktinern.

Vielleicht wäre alles schwieriger geworden, wenn sich der Leiter des Religionsbüros in der Provinzhauptstadt Changchun nicht als ein aufgeschlossener Mensch herausgestellt hätte. Er war um die vierzig, wirkte jünger, und wir verstanden uns auf Anhieb. Mir war klar, dass ich nicht mit der Kirchentür ins Haus fallen durfte, dass wir soziale Projekte anbieten mussten, um ihn für unsere Pläne zu gewinnen. «Warum bauen Sie nicht ein Krankenhaus in meiner Heimatstadt Meihekou?», sagte er eines Tages. Mir gefiel die Idee. Ein Krankenhaus würde teuer werden, aber Geld sollte diesmal keine Rolle spielen.

Je besser wir uns kennen lernten, desto deutlicher wurde mir allerdings auch, dass ich als deutscher Benediktiner ihm mindestens ebenso fremd sein musste wie er mir. So verstand er beispielsweise unter Religion etwas ganz anderes als ich. Er war davon überzeugt, dass in China Religionsfreiheit herrsche – so stehe es in der Verfassung, und so werde es gehandhabt. Aus seiner Sicht stimmte das auch. In China hat sich die Religion seit alters der Politik zu fügen, egal, ob Kaiser herrschen oder die kommunistische Partei. Die Kirche war für meinen chinesischen Freund daher nur ein weiterer frommer Verein, der zufrieden sein musste, wenn der Staat ihm hier und da Gebetsräume zur Verfügung stellte. Ich sagte ihm: «In Deutschland verstehen wir unter Religionsfreiheit womöglich etwas ganz anderes als Sie. Wissen Sie was? Ich lade Sie auf unsere Kosten nach Sankt Ottilien ein. Dann werden Sie verstehen, was ich meine.»

Er kam tatsächlich, in Begleitung zweier Regierungsbeamter, eines Priesters und eines Seminaristen (der Priester ist heute Bischof, der Seminarist ein eifriger Pfarrer). Zunächst war er irritiert, dann beeindruckt. Was er hier erlebte, hätte er nicht für möglich gehalten. Dass das Christentum soziale Verantwortung übernimmt, dass die Kirche zusammen mit dem Staat für das Wohl des Volkes arbeitet, obwohl auch bei uns Kirche und Staat getrennt sind, das war eine neue Erfahrung für ihn. Seither galt ein stillschweigendes Abkommen zwischen uns:

ABTPRIMAS NOTKER WOLF

Wir Benediktiner tun in China etwas fürs Volk, und er befürwortet unsere kirchlichen Vorhaben. So kam eine Menge in Gang. In den nächsten Jahren unterstützten wir Schulen und Kliniken, während die chinesischen Behörden uns Grundstücke für neue Kirchen zuteilten, die Gründung eines Priesterseminars genehmigten und den Bau eines Klosters für die Diözesanschwestern bewilligten. Was mich von allen Projekten aber am meisten in Atem hielt, war das versprochene Krankenhaus in Meihekou, der Heimatstadt meines Freundes.

Unsere chinesischen Verhandlungspartner in Meihekou wollten sofort Geld sehen und dann auf eigene Faust loslegen, mir hingegen schwebte ein Joint Venture vor, also eine Beteiligung unseres Ordens am Bau wie an der Verwaltung dieses Krankenhauses. Misereor wiederum, das katholische Hilfswerk in Deutschland, lehnte dieses Projekt ab. Ich verhandelte mit den Chinesen, ich verhandelte mit Misereor. Das Projekt sei viel zu groß und in jedem Fall zum Scheitern verurteilt, hieß es bei Misereor. «Die Chinesen ziehen euch über den Tisch. Die kassieren das Geld, und sobald dieses Krankenhaus steht, hat der Mohr seine Schuldigkeit getan, und sie schicken euch Benediktiner nach Hause. Besser, ihr schiebt die Sache auf, bis sich die Verhältnisse in China geändert haben ...» Ich wandte mich an den Bundesminister für wirtschaftliche Zusammenarbeit und bekam das Gleiche zu hören: «Zu früh. Später vielleicht.» Nun, das kannte ich zur Genüge. Darauf habe ich mich nie eingelassen. Ich spanne mich lieber selber vor den Karren. Aller Erfahrung nach ändern sich die Verhältnisse nämlich in dem Moment, in dem ich selbst sie ändere. Und genauso war es auch diesmal.

Nach zähen Verhandlungen, zahlreichen gemeinsamen Abendessen und zahllosen Gläsern Hirseschnaps gestanden uns die Chinesen nicht nur eine Beteiligung an der Verwaltung zu, sie willigten sogar ein, dass einer unserer Baubrüder die Bauleitung übernahm. Ein Erfolg, der unsere Erwartungen noch übertraf und der den Minister dann doch dazu bewog, der Zentralstelle für Entwicklungshilfe grünes Licht zu geben. Woraufhin sich auch Misereor an der Finanzierung beteiligte. 1994 wurde mit den Bauarbeiten begonnen, und zwei Jahre später erhob sich neben dem alten, völlig heruntergekommenen Krankenhaus von Meihekou (in dem man bei uns nicht einmal eine Kuh hätte schlachten dürfen, wie sich ein Mitbruder auszudrücken beliebte) der stattliche Rohbau eines Ambulanzkrankenhauses mit Untersuchungsräumen, Operationssaal und Notaufnahme.

Zwei Fragen bekam ich in diesen Tagen gestellt. «Warum machen Sie das alles?», wollte mein chinesischer Freund wissen. Denn sosehr ihn unser Engagement für seine Heimat freute, es befremdete ihn auch. Die Antwort darauf fiel mir nicht schwer. «Natürlich hat es auch mit meiner Treue zu unserer Ordenstradition zu tun, zu meinen Vorvätern, die in Ihrem Land und für Ihr Land gearbeitet haben», sagte ich ihm. «Aber der wahre Grund, und das werden Sie vielleicht nur schwer verstehen, ist mein Glaube. Als Christ möchte ich allen Menschen so begegnen, wie Jesus Christus ihnen begegnet ist.»

Die andere Frage wurde mir in Deutschland gestellt: «Wie haben Sie das hingekriegt?» Meine Antwort darauf fiel etwas länger aus. Zunächst einmal, habe ich gesagt, muss man den anderen so nehmen, wie er ist, und das Beste daraus machen. Die Chinesen zum Beispiel waren ausgesprochen begabt darin, den größtmöglichen Vorteil für sich herauszuschlagen. Daran war nichts zu ändern. Im Übrigen schien mir ihr Verhalten auch recht und billig, und ich habe stets darauf geachtet, dass sie zu ihrem Vorteil kamen. Entscheidend war für mich, dass wir einander so bald wie möglich als ebenbürtige Partner akzeptierten, und dazu konnte ich einiges beitragen.

Die erste Voraussetzung dafür ist selbstverständlich, den

ABTPRIMAS NOTKER WOLF

anderen ernst zu nehmen und all das zu beachten, was auch anderswo auf der Welt im zwischenmenschlichen Bereich zählt – Respekt vor allem, aber auch die Bereitschaft dazuzulernen. Wie oft habe ich, während der andere sprach, an meiner Pfeife gezogen und genau hingehört und nachgedacht und mich gefragt: Was ist in Wahrheit sein Problem? Wo könnte seine Schwierigkeit jetzt liegen? So hatte ich etwa bald gemerkt, dass den Chinesen ungeheuer viel daran lag, autonom zu bleiben und auch durch Hilfsangebote nicht vom Ausland abhängig zu werden. Das war nur zu verstehen, wenn man ihre Geschichte in Betracht zog: Zwischen 1850 und 1950 hatte China unter der Herrschaft verschiedener Kolonialmächte gestanden und die schlimmsten Demütigungen und Gräuel über sich ergehen lassen müssen, und die Chinesen sind stolz darauf, sich ihre nationale Freiheit weitgehend ohne fremde Hilfe erkämpft zu haben. Wenn ich mit ihnen verhandelte, musste ich also ihre ausgeprägte Furcht vor einer drohenden Abhängigkeit einkalkulieren und alles tun, ihre Bedenken zu zerstreuen.

Die zweite Voraussetzung ist, dem anderen nie das Gefühl zu geben, unterlegen zu sein. Gerade in Ostasien müssen am Ende einer Verhandlung immer zwei als Sieger dastehen. Das gilt eigentlich für jedes Gespräch, aber in China oder Japan ist es eine unumgängliche Voraussetzung des Erfolgs, gewissermaßen die goldene Regel für jedes Übereinkommen. Ich habe den Chinesen deshalb immer wieder zu verstehen gegeben, dass es uns nicht darum ging, Macht auszuüben oder auch nur Recht zu behalten, was auch eine Form der Machtausübung ist. Allerdings habe ich auch sie nie vergessen lassen, dass sie in mir ebenfalls einen ebenbürtigen Partner vor sich hatten – schließlich konnten wir ihnen nicht nur das Geld, sondern auch das ganze Know-how einer ordentlichen Krankenhausverwaltung bieten.

■ 04 ■   WORAUF WARTEN WIR?

Die wichtigste Bedingung für erfolgreiche Verhandlungen aber scheint mir zu sein, eine Atmosphäre des Vertrauens zu schaffen. Meine chinesischen Gesprächspartner sollten sich jederzeit frei fühlen, erst einmal ihre Wünsche zu formulieren, bevor ich mit meinen eigenen Vorstellungen herausrückte. Und wenn wir unterschiedlicher Auffassung waren, habe ich stets meine Karten offen auf den Tisch gelegt und so argumentiert, dass meine Gründe nachvollziehbar waren. Auf diese Weise sind wir immer wieder zu einer gemeinsamen, menschlichen Rechtsbasis gekommen. Sicher, man weiß anfangs nie, wen man vor sich hat. Aber das interessiert mich auch nicht. Ich bin sehr selten enttäuscht worden, konnte mit Vertrauen aber unglaublich viel bewirken. Wer Vertrauen sät, wird in den allermeisten Fällen auch Vertrauen ernten; wer aber Misstrauen sät, wird immer Misstrauen ernten. Die schönste Bestätigung für diese Regel war für mich der Toast, den der Präsident der Universität von Yanji bei einem Dinner ausbrachte: «Seit wir die Benediktiner kennen», sagte er, «haben wir keine Angst mehr vor der katholischen Kirche.»

Und schließlich muss man wissen, wie weit man gehen darf. Manchmal darf man frech sein. In Padagou bei Yanji wurden uns drei Bauplätze für eine Kirche angeboten – unsere alte war in der Kulturrevolution zerstört worden. Nun waren die Christen dort heillos zerstritten und lagen sich auch wegen des Bauplatzes in den Haaren, also bin ich hingefahren. Eines der drei Grundstücke lag auf einem Hügel über der Stadt. Da stand für mich fest: Die Kirche kommt auf diesen Hügel. Da oben wird sie vom ganzen Tal aus gesehen. So wurde es gemacht – und erst als die Kirche bereits im Bau war, kam die Stadtverwaltung dahinter, was ich mir dabei gedacht hatte. Die Offiziellen waren alles andere als begeistert – jetzt thronte unübersehbar eine große Kirche über der Stadt. Und dann setzte mein Freund vom Religionsbüro auch noch durch, dass ich selbst diese Kirche einweihen durfte! Da waren einige sauer. Um nichts mitzukriegen, machte die ganze Stadtverwaltung an jenem Tag einen Betriebsausflug.

Nicht immer haben sie es mir so leicht gemacht. Bei unserem Krankenhaus in Meihekou zum Beispiel ... Noch stand es im Rohbau. Noch sollten zwei weitere Jahre vergehen, bis wir einen Managementvertrag ausgehandelt hatten, der unseren Schwestern ein weitgehendes Mitspracherecht bei der Leitung des Krankenhauses garantierte. Und dann, am Tag vor der feierlichen Einweihung im September 1998, eröffnete man mir, dass die Provinzregierung unseren Vertrag annulliert habe, weil er gegen chinesische Vorschriften verstoße. Ausländern sei es verboten, bei einem solchen Unternehmen Führungsaufgaben zu übernehmen.

Mir ging eine Frage durch den Kopf, die mir in Deutschland oft gestellt worden ist: Was machst du, wenn es nicht klappt? Diese Frage begleitete mich seit meinen ersten Tagen als Erzabt von Sankt Ottilien, sie war die Begleitmusik zu allen meinen Projekten. Ich habe das Scheitern nie einkalkuliert – und meist nur eine Antwort auf diese Frage gehabt: «Das weiß ich erst, wenn der Fall eingetreten ist.» Und dann vertraue ich auf meinen Verstand und meine Improvisationsgabe. Mir wird schon etwas einfallen. Irgendeine Lösung gibt es immer. Was machst du, wenn es nicht klappt? Meistens hatte es geklappt. Aber diesmal eben nicht. «Übergib das Krankenhaus und zieh dich zurück», hieß es aus Deutschland. «Gegen die hast du keine Chance.» Also die Brocken hinwerfen und auf die chinesischen Betonköpfe schimpfen?

Ich blies die Einweihung ab. Die Chinesen drängten auf die Einweihung, aber ich weigerte mich. Wer die Gelübde abgelegt hat, wird oft mit einer ordentlichen Portion Eigensinn beschenkt. Nicht dass mir diese Entscheidung leicht gefallen wäre – es waren ja auch Ehrengäste angereist. Aber ich wollte mich nicht geschlagen geben. Ich wollte die Vertragsverhandlungen fortsetzen.

Das Tauziehen ging also weiter. Ein Nervenkrieg! Und dann, noch einmal zwei Jahre später, saßen mir am Verhandlungstisch eines Tages zwei neue Leute gegenüber. Der Parteichef wie der Bürgermeister waren ausgewechselt worden. Und da hieß es plötzlich: Machen wir es doch folgendermaßen – wir Chinesen stellen den Krankenhausdirektor und die Abteilungsleiter, und ihr Benediktiner die Ehren-Krankenhausdirektorin und die Ehren-Abteilungsleiterinnen. Dann haben wir offiziell das Sagen, und eure Schwestern können auf alle Entscheidungen Einfluss nehmen. Das war der Durchbruch! Mein Vorschlag, einen Beirat einzusetzen, je zur Hälfte mit Chinesen und Benediktinern besetzt, wurde ebenfalls angenommen, und damit hatten wir unseren Vertrag unter Dach und Fach. Das Joint Venture war gerettet, unsere Ambulanzklinik nahm ihren Betrieb auf – und jetzt ging es erst richtig los. Die Chinesen verkauften ihr altes, heruntergekommenes Krankenhaus, zogen direkt neben unserer Klinik in kaum mehr als einem Jahr einen großen Bettentrakt mit zehn Operationssälen hoch, und als dem Krankenhausdirektor mitten in den Bauarbeiten das Geld ausging, da gründete er kurzerhand eine Aktiengesellschaft, und alle Angestellten mussten Krankenhausaktien kaufen. Damit war der Bettentrakt das gemeinsame Projekt aller Beschäftigten, und der Direktor hatte das Geld zum Weiterbauen. Heute gehört der Krankenhauskomplex von Meihekou zu den modernsten in ganz China, und wer davor steht, wird nebenan ein kleines Kloster entdecken – dort leben die neun Benediktinerinnen, die im Meihekou-Hospital als «Ehren-Abteilungsleiterinnen» wirken.

Elf Jahre von der Idee bis zur Verwirklichung – eine lange Zeit. Man muss Geduld haben. Aber vor allem muss man anfangen. Man ahnt nicht, was alles möglich ist, bevor man

ABTPRIMAS NOTKER WOLF

angefangen hat. Danach geht manches schief, aber das macht nichts – man kann im Vorhinein nie genau wissen, worauf es hinausläuft. Doch wenn man beweglich ist, wenn man beharrlich ist, wenn man sich nicht entmutigen lässt, dann können ungeahnte Sachen entstehen, und hinterher übertrifft der Erfolg die bescheidenen Ziele, die man sich zunächst realistischerweise gesetzt hat. Wer den Aufbruch wagt, der schafft den Durchbruch auch, und eben jetzt, da ich diese Zeilen schreibe, haben wir sogar in Nordkorea ein Hundert-Betten-Krankenhaus eingeweiht.

■ 05 ■   SCHULDLOS, ABER VÖLLIG MACHTLOS?

Im Jahr 2000, kurz vor unserem Durchbruch in Meihekou, wurde ich zum Abtprimas des Benediktinerordens gewählt. Seither lebe ich in Rom, im Benediktinerkolleg Sant'Anselmo auf dem Aventin, wo ich schon einmal neun Jahre verbracht habe, erst als Student und später als Lehrer. Eine meiner Aufgaben besteht darin, Benediktinerklöstern in aller Welt dabei zu helfen, ihren Weg in die Zukunft zu finden. Gemäß der Devise unseres Ordensgründers «ora et labora!» – bete und arbeite – sind alle diese Klöster nicht nur Orte der Gottsuche und des Gotteslobs, sondern auch Wirtschaftsbetriebe. Das heißt, ein Kloster kann bankrott gehen. Konkurse sind aber sehr selten, weil wir es über 1400 Jahre hinweg verstanden haben, uns den veränderten Bedingungen des Wirtschaftslebens immer wieder anzupassen.

Wenn ich gelegentlich nach Deutschland zurückkehre, kommt mir das Land wie ein großer Wartesaal vor, ein Wartesaal voller Warntafeln und Verbotsschilder, von denen das größte strengstens untersagt, bei Ankunft des Zugs den Bahnsteig zu betreten – wegen der blauen Flecken, die man sich in dem Getümmel da draußen zuziehen kann. Ich staune über die trotzige Verzagtheit, mit der bei uns die Aussichtslosigkeit jeder politischen Initiative beschworen wird, die Risiken jeder Veränderung betont und ihre Nachteile dramatisiert und ihre Vorteile zur Illusion erklärt werden. Und ich wundere mich über diese Entschlossenheit, sich auf nichts einzulassen, was einer Lösung ähnlich sieht. Was ist eigentlich mit uns los, frage ich mich, wenn wir uns weder durch fünf Millionen Arbeitslose beirren lassen noch in minimalem Wirtschaftswachstum, atemberaubender Staatsverschuldung, morschen Sozialsystemen, magerer Reproduktionsrate, wuchernder Bürokratie,

ABTPRIMAS NOTKER WOLF

offenkundiger Bildungsmisere, grassierender Regelungswut und galoppierender Gesetzesinflation einen Grund sehen, es anders zu machen als bisher?

Es reicht doch wohl nicht, die jeweils Schuldigen zu kennen. Die finden sich immer, und niemand kann uns nachsagen, dass wir sie nicht unter Beschuss nähmen – nämlich die faulen Lehrer, die regelungswütige Europäische Union, die gefräßigen Hedge-Fonds, die machtverliebten Gewerkschaften, den sturen Beamtenbund, die rücksichtslose Globalisierung, die unfähigen Politiker der einen oder der anderen Partei, die gewissenlosen Aufsichtsratsvorsitzenden – und den Neoliberalismus sowieso. Was ist eigentlich mit uns selber? Schuldlos, doch leider auch völlig machtlos? Können wir in unserer Lage wirklich nichts anderes tun, als allen Verdächtigen zur Strafe unser Vertrauen zu entziehen? Sicher, nicht jeder ist ein Kämpfer, nicht jeder ist an vorderster Front in seinem Element, dafür sind wir zu unterschiedlich, vom Temperament und vom Talent her, ich weiß das. Aber – liegt es nicht vielleicht doch auch an uns, wenn sich in unserem Land eine Stimmung der Resignation ausbreitet? Wenn Deutschland im Ausland heute als «kranker Mann Europas» bezeichnet wird? Wenn andere Länder einen Aufschwung erleben und wir bestenfalls im Mittelfeld mitgezogen werden? Müssten wir uns nicht von Verhaltensweisen und Denkgewohnheiten verabschieden, die viel mit Nostalgie und Romantik zu tun haben oder dem Dünkel, in jedem Fall besser als die anderen zu sein? Warum fällt uns das so schwer?

Die beste Antwort auf diese Fragen lieferte mir während des Bundestagswahlkampfs 2005 der Kommentar des stellvertretenden SPD-Fraktionsvorsitzenden Ludwig Stiegler zum Wahlslogan der CDU. Dieser Slogan lautete: «Sozial ist, was Arbeit schafft», und Herr Stiegler hatte dafür die Bemerkung übrig, er fühle sich an die zynische Naziparole «Arbeit macht frei» erinnert. An eine Parole also, die als Inschrift über den Eingangstoren von Konzentrationslagern gestanden hatte.

Ich war ihm regelrecht dankbar. So wie er hatte noch niemand das deutsche Dilemma auf den Punkt gebracht. Da fiel diesem Herrn Stiegler zum Stichwort «Arbeit» nichts anderes als «Zwangsarbeit» ein! Instinktsicher assoziierte er die Schaffung von Arbeitsplätzen mit den Unmenschlichkeiten eines Konzentrationslagers. Man darf annehmen, dass er dabei mit der Zustimmung seines Publikums gerechnet hat. Diese Bemerkung lässt jedenfalls tief blicken. Wo sonst in Europa wäre es möglich, dass ein Politiker das Versprechen, für neue Arbeitsplätze zu sorgen, mit der Drohung verwechselt, das ganze Land in ein Arbeitslager, womöglich in ein Todeslager zu verwandeln? Ich fürchte, dass in solchen Augenblicken ein Denken zum Vorschein kommt, das als unterschwellige Überzeugung in Deutschland längst Allgemeingut geworden ist – die Vorstellung nämlich, dass Arbeit im Grunde eine Zumutung ist und Leistung letztlich gegen die Menschenwürde verstößt, ein Leben ohne Anstrengung dagegen den wahren Idealzustand darstellt. Mehr noch – dass es die Aufgabe des Staates ist, Menschen in diesem Idealzustand zu erhalten. Als wäre es allemal besser, vom Staat mit Arbeitslosengeld oder Sozialhilfe beglückt zu werden, als aus eigener Kraft selbst für sich zu sorgen.

Ein ganzes Zeitgeistpanorama entrollt sich, wenn man diesen Gedankengang weiter verfolgt. Nicht nur, dass jemand ein Gebot sozialer Politik darin sieht, uns vor den Zumutungen regelmäßiger Erwerbstätigkeit zu bewahren. Gleichzeitig maßt derjenige sich auch an, als Politiker zu bestimmen, was gut für uns ist. Womit er kein exotischer Sonderfall ist. Unsere Politiker finden schon lange nichts mehr dabei, den Maßstab unseres Glücks festzulegen und im Namen dieses Glücks die Vormundschaft für uns zu übernehmen. Vielleicht ist es jedoch ganz falsch, hier von Anmaßung zu sprechen. Denn diese Politiker handeln ja nicht eigenmächtig. Sie handeln im Auftrag einer Gesellschaft, die offenbar zu ihrem Glück gezwungen werden möchte. Wie sonst wäre es zu erklären, dass unsere Politiker sich seit Jahrzehnten wie die Geschäftsführer einer Heilsagentur gebärden, von der moralischen Pflicht beseelt, aus Gründen der sozialen Gleichheit und Gerechtigkeit immer tiefer ins gesellschaftliche Leben einzugreifen – und für die Bürger das so selbstverständlich scheint, dass jeder, der sich dagegen verwahrt, als Menschenfeind und brutaler Egomane angesehen werden darf? Wahrscheinlich hat Herr Stiegler nur die treffendste Formulierung für einen Tatbestand gefunden, der allgemein akzeptiert ist: Der Staat ist für das Glück des Einzelnen zuständig, weshalb unsere Politiker uns unser Glück auch vorschreiben dürfen. Welchen Stellenwert die Arbeit auf der Glücksskala hat, das lässt sich denken.

Mir scheint, dass wir es hier mit einer sozialistischen Grundströmung im Denken unseres Volkes zu tun haben, die im politischen Alltag gar nicht mehr ausgesprochen werden muss, weil sie uns – Ostdeutschen wie Westdeutschen gleichermaßen – in Fleisch und Blut übergegangen ist. Es hat sich bei uns die Idee eingeschlichen, dass Politik nur dann gut und menschlich sei, wenn sie die Gebote sozialer Gleichheit und sozialer Gerechtigkeit über jede praktische Vernunft stellt, wenn sie Utopien ernster nimmt als die Notwendigkeit zu arbeiten – und wenn es sein muss zu schuften. Das kann auf Dauer nicht gut gehen. Denn statt Glück oder Gerechtigkeit handeln wir uns mit einer solchen Politik vor allem Bürokratie ein, immer mehr Bürokratie und eine ausufernde Gesetzesflut und obendrein die Entmündigung des Einzelnen. Oder kürzer ausgedrückt: den moralischen Obrigkeitsstaat.

Ich weiß, dass viele diese Entwicklung für unglücklich halten, weil der moralische Obrigkeitsstaat die Eigeninitiative lähmt und die Eigenverantwortung erstickt. Die Mehrzahl von uns aber fühlt sich in diesem Staat ganz offenbar gut aufgehoben. Ein merkwürdiger Glaube scheint mir da am Werk zu sein. Ein Glaube, den man auf die Kurzformel bringen kann: Wo Verwaltung ist, da ist Gerechtigkeit. Woraus dann folgt: Je mehr Verwaltung, desto mehr Gerechtigkeit. Und da es von Gerechtigkeit nie genug geben kann, darf die Verwaltung ebenfalls grenzenlos wuchern. Ich habe mich oft gefragt, woher diese Bürokratieseligkeit in Deutschland kommt. Und ich kann sie mir nur durch ein abgrundtiefes Vertrauen zum Staat erklären. Offenbar ist uns nichts auf der Welt so geheuer wie der Staat – und zwar unabhängig davon, welche Erfahrungen wir mit Politikern machen.

Wie kommt das? Hat dieses Vertrauen vielleicht damit zu tun, dass wir dem Staat grundsätzlich Uneigennützigkeit zugute halten? Und dass wir deshalb bereit sind, Politiker zu Sachwaltern unseres Lebensglücks zu machen? Das würde umgekehrt bedeuten: Da, wo die Verwaltung nicht hinreicht, wo die Gesellschaft also frei von staatlichen Eingriffen ist, droht zwangsläufig Ungerechtigkeit, denn dort herrscht Eigennutz. Da sehen wir eine Bande zügelloser Egoisten am Werk. Und das ist uns gar nicht geheuer. Da müssten eigentlich noch ein paar neue Paragraphen her.

Unser abgrundtiefes Vertrauen zum Staat hätte demnach eine Kehrseite, und diese Kehrseite wäre ein ebenso tief sitzendes Misstrauen gegen die Gesellschaft, mit anderen Worten: gegen uns selbst und unsere Mitmenschen. Wenn das stimmt, wenn wir uns also deshalb so viel von Staat und Politik versprechen, weil wir so wenig von uns selbst halten, dann ist es vielleicht doch nicht damit getan, die Schuld allein bei finsteren Mächten wie der Globalisierung oder dem Neoliberalismus zu suchen. Dann hat die derzeitige Verfassung unseres Landes vielleicht doch auch mit uns, mit jedem Einzelnen von

ABTPRIMAS NOTKER WOLF

uns zu tun. Dann müssten wir uns fragen, woher diese Selbstzweifel rühren. Wie es zu dieser Mutlosigkeit gekommen ist. Wieso wir all jenen Kräften misstrauen, die Menschen immer wieder dazu anspornen, sich aufzuraffen, um Widerstände zu überwinden, Probleme zu lösen und Herausforderungen anzunehmen. Und warum wir uns erst gar nicht die ermutigenden Erfahrungen gönnen, wie ich sie zum Beispiel in China machen durfte.

Der hat leicht reden, könnte man nun sagen. Als Abtprimas wird er gewohnt sein, dass es in seinem Orden nach seinem Willen geht. Kein Wunder, dass er sich Schwierigkeiten gewachsen fühlt, die andere überfordern.

Doch so verhält es sich nicht. Die Wirklichkeit eines Abtprimas der Benediktiner sieht anders aus. In unserem Orden geht es ziemlich unordentlich zu, unsere Klöster sind nämlich autonom, und kein Abt braucht eine Weisung von mir entgegenzunehmen. Meine einzige Macht besteht in meiner Machtlosigkeit. Wenn ich etwas erreichen will, muss ich überzeugen, als Mensch genauso wie durch meine Ideen und Argumente. Mein Einfluss reicht also nur so weit, wie das Vertrauen reicht, das mir entgegengebracht wird. Für mich ist es daher im Prinzip kein Unterschied, ob ich mit Chinesen über den Bau eines Krankenhauses verhandele oder mit einer Äbtissin die Probleme ihres Klosters diskutiere – in beiden Fällen erreiche ich nur dann etwas, wenn ich mich voll und ganz für eine Sache einsetze.

Doch etwas anderes unterscheidet mich, unterscheidet uns Benediktiner ganz allgemein von der Gesellschaft, in der wir leben. Als Benediktiner haben wir nämlich eine lange Tradition der Freiheit und des Aufbruchs, in der der Arbeit eine zentrale Rolle zukommt. Ich will kurz darauf eingehen.

Unsere Tradition der Freiheit hängt eng mit der Grundidee des benediktinischen Mönchtums zusammen. Auf die kürzeste Formel gebracht, lautet sie «ora et labora!» und zielt auf eine doppelte Freiheit ab: Aus dem Gebet, also der Beziehung zu Gott, schöpfen wir die Kraft, den Verlockungen der wechselnden Heilsversprechen von politischen Ideologien oder utopischen Verheißungen zu widerstehen – das Gebet steht also für die geistige Unabhängigkeit. Und die Arbeit sichert jedem Kloster die finanzielle Unabhängigkeit eines eigenständigen Wirtschaftsbetriebs – sie bewahrt unsere Gemeinschaften also davor, sich dem Willen einflussreicher «Sponsoren» beugen zu müssen. Für mich ist diese Aufforderung zu Arbeit und Gebet deshalb eine Freiheitsdevise von zeitloser Gültigkeit. Wobei unser Ordensgründer Benedikt der Arbeit allerdings noch einen weiteren Wert beimaß.

Für ihn war nämlich Arbeit, körperliche Arbeit, das sicherste Mittel gegen Verstiegenheit und Weltfremdheit. Für Benedikt war ein Kloster kein Klub von Frömmlern, sondern eine Arbeitsgemeinschaft von Realisten mit einem klaren Blick für praktische Notwendigkeiten. Darüber hinaus wollte er seine Mönche aber auch an ihre Eigenverantwortung erinnern, wenn er in seiner Regel schreibt: «Erst dann sind sie wahre Mönche, wenn sie nach dem Vorbild der Apostel und Väter von der eigenen Hände Arbeit leben.» Den Benediktinern ging es also von Anfang an darum, etwas zu schaffen, zu erreichen, aufzubauen – und niemandem zur Last zu fallen. Damit haben sie, ganz nebenbei, die Arbeit in Europa überhaupt erst salonfähig gemacht. In der Antike wie im Mittelalter war körperliche Arbeit ja etwas Erniedrigendes, die Sache von Sklaven und Knechten, von Unfreien. Benedikts Mönche und Nonnen hingegen scheuten vor keiner Arbeit zurück, weil sie davon überzeugt waren, dass Arbeit zu einem sinnerfüllten Leben gehört. Von den Klöstern ausgehend, hat sich diese Überzeugung mit der Zeit in ganz Europa durchgesetzt und die jahrhundertelange Überlegenheit der europäischen Zivilisation mitbegründet.

ABTPRIMAS NOTKER WOLF

Wir könnten nicht auf eine Erfolgsgeschichte von 1400 Jahren zurückblicken, wenn sich die benediktinische Kombination von Tüchtigkeit und gläubiger Zuversicht nicht immer wieder bewährt hätte. Und sie hätte sich wohl nicht bewährt, wenn unser Ordensgründer nicht so großen Wert auf die Selbständigkeit der Gemeinschaft und die Freiheit des Einzelnen gelegt hätte. Die benediktinische Regel, an der sich das Leben unserer Mönche und Nonnen seit Beginn unserer Ordensgeschichte orientiert, unterwirft die Gemeinschaft nicht starren Gesetzen, sondern weist ihr anhand von Leitlinien die Richtung. Benedikt wusste nur zu gut, dass jeder Mensch anders und keiner vollkommen ist und dass man alle überfordern würde, wenn man versuchen würde, perfekte Zustände durch peinlich genaue Vorschriften herbeizuführen. Deshalb berücksichtigt diese Regel unterschiedlichste Situationen genauso wie menschliche Schwächen, sie lässt sich jedem Einzelfall anpassen und verfolgt im Grunde nur ein Ziel: im Kloster eine Atmosphäre zu schaffen, in der sich der Mensch entfalten kann. Sicher, es gab immer wieder Zeiten, da ist unser Orden an dieser Aufgabe gescheitert. Aber weil die benediktinische Regel ein Zeugnis der Liebe zu den Menschen, der Nachsicht mit ihren Schwächen und des Respekts vor ihren individuellen Unterschieden ist, sind von ihr immer wieder Impulse für einen neuen Aufbruch ausgegangen.

Das Leben in diesem Orden, die Erfahrungen mit dieser Ordensregel haben mich geprägt. Ich glaube deshalb an die Vernunft von Regeln, die die Voraussetzung für Freiheit und individuelle Entfaltung schaffen. Und ich misstraue deshalb der Uneigennützigkeit von Politikern, die keine Achtung vor der Freiheit der Bürger haben. Diese Politiker hüten unser Glück nicht zum Nulltarif. Sie fordern, falls man sie gewähren lässt, Unterwerfung. Herr Stiegler hat es auf den Punkt gebracht: Am liebsten sähen es die Vertreter des moralischen

Obrigkeitsstaats, wenn wir unser Glück der Politik – und nicht uns selbst verdankten.

Trotzdem machen wir mit. Trotzdem sind wir bereit, uns im Namen von Gleichheit und sozialer Gerechtigkeit bevormunden und entmündigen zu lassen. Das Resultat ist wahrhaftig nicht ermutigend. Ich habe in den letzten Jahrzehnten die Entstehung dieses moralischen Obrigkeitsstaates verfolgt und gleichzeitig beobachtet, wie sich in Deutschland eine Kultur der Kapitulation ausbreitete, im öffentlichen Leben wie auch im privaten. Führungskräfte kapitulieren vor den Versuchungen der Korruption, Parteien und Gewerkschaften kapitulieren vor den drängendsten politischen Aufgaben, nicht nur Werbeleute kapitulieren vor der Übermacht der englischen Sprache, Liebende und Eheleute kapitulieren vor den Schwierigkeiten des Zusammenlebens, Eltern kapitulieren vor dem Einfluss des Vergnügungs- und Modeterrors auf ihre Kinder, Lehrer kapitulieren vor dem Problem lernunwilliger Schüler – und alle zusammen geben wir immer leichter den Verlockungen der Verantwortungslosigkeit nach.

Was ist hier schief gelaufen? Wie konnte Deutschland nach der rasanten Aufbauphase der fünfziger und sechziger Jahre zu einem Land der Kleingläubigen werden? Wie konnten wir nach dem Freiheitstaumel der Siebziger zu einem Volk werden, dessen Phantasie gerade noch dazu ausreicht, sich ein «Unhappy End» vorzustellen? Könnte es nicht daran liegen, dass wir ein gestörtes Verhältnis zur Freiheit haben? Dass wir uns falsche Vorstellungen davon machen, was Freiheit eigentlich bedeutet? Ich jedenfalls sehe darin den eigentlichen Grund für unsere Mutlosigkeit, für unser Misstrauen gegen uns selbst. Ich bin überzeugt, dass wir uns seit Jahrzehnten über den Sinn und den Wert der Freiheit täuschen. Und ich halte diese Selbsttäuschung für einen Folgeschaden der Umwälzungen, die sich mit dem Jahr 1968 verbinden. Wir haben

ABTPRIMAS NOTKER WOLF

lange von der Illusion gezehrt, uns damals größere Freiheit erkämpft zu haben. Inzwischen hat sich gezeigt, dass alle Wege, die die so genannten Achtundsechziger gewiesen haben, in der Sackgasse enden. In dieser Sackgasse stecken wir fest. Es ist klar, dass wir wieder herausfinden müssen. Aber bevor wir uns auf die Suche nach Auswegen machen, sollten wir uns den Weg näher anschauen, der uns in diese Sackgasse hineingeführt hat.

■ 06 ■ ZEITEN DER BEVORMUNDUNG

Dies alles sei längst Geschichte? Nicht vergessen, aber vorbei? Ja, 1968 wäre Geschichte, wenn wir diesen Teil unserer Vergangenheit genauso gründlich analysiert und selbstkritisch aufgearbeitet hätten wie, sagen wir, die Zeit des Nationalsozialismus. Das ist bisher kaum geschehen. Der Geist von 68 ist lebendiger denn je. Nicht nur, weil etliche Wortführer von einst bei ihrem Marsch durch die Institutionen in den höchsten Staatsämtern angekommen sind. Sondern vor allem deshalb, weil wir zum großen Teil selbst Achtundsechziger geworden sind, ob wir es wissen oder nicht, ob wir es wahrhaben wollen oder nicht. Das Jahr 1968 steht symbolisch für eine deutsche Kulturrevolution von durchschlagendem Erfolg.

Die heutigen Altachtundsechziger haben allen Grund, mit diesem Erfolg unzufrieden zu sein – und viele sind es auch. Wenn man gelegentlich etwas darüber hört, wie das große Projekt der Gesellschaftsveränderung dermaßen schief gehen konnte, dann in Interviews mit den Protagonisten von damals selbst. Nichtsdestoweniger ist ihnen tatsächlich gelungen, unsere Gesellschaft zu verändern, haben sie die Weichen gestellt, die in die Sackgasse führten. Wie so oft in der Geschichte waren auch in diesem Fall die unbewussten Motive stärker als die laut proklamierten Absichten. Ich will deshalb nicht mit Menschen abrechnen, sondern mich mit den Triebkräften beschäftigen, die dem Unternehmen 68 eine Richtung gegeben haben, die viele seinerzeit wahrscheinlich gar nicht einschlagen wollten.

Dabei hatte alles so verheißungsvoll begonnen. Irgendwann Mitte der sechziger Jahre ging es los. Das Schweigen wurde gebrochen. Die jungen Leute fühlten sich mit einem Mal ermutigt und auch berechtigt, einer Gesellschaft Fragen

ABTPRIMAS NOTKER WOLF

zu stellen, die die unfassbaren Vorkommnisse während der Nazizeit nur für einen weiteren Betriebsunfall der Geschichte hielt. Die so tat, als wäre nichts gewesen. Und nicht nur die Vergangenheit, auch die Gegenwart wurde nun fragwürdig. Waren einer Generation, die sich schon einmal so gründlich geirrt hatte, nicht weitere Irrtümer zuzutrauen? Gab es womöglich gar keine guten Gründe für dieses einschüchternde pädagogische Kriegsgerät aus Anstandsregeln und Verboten und Moralvorstellungen, das von Eltern und Respektspersonen gegen die Jugend in Stellung gebracht wurde? War dieser rechthaberische oder befehlende Umgangston, war diese Strenge wirklich nötig?

Ich habe die Sehnsucht nach Freiheit gut verstanden. Auch ich habe damals aufgeatmet. Ich hatte es ja am eigenen Leib, an der eigenen Seele erfahren, was Bevormundung, Anpassungsdruck und Mitläufertum aus einem Menschen machen. 1961, gleich nach dem Abitur am damaligen Missionsseminar von Sankt Ottilien, war ich ins Kloster eingetreten, wie neun andere Mitschüler auch, die Hälfte meiner Klasse. Seither gewann ich immer mehr den Eindruck, eisernen Regeln gehorchen zu müssen, die längst ihren Sinn verloren hatten, einer unantastbaren Ordnung ausgeliefert zu sein, die durch nichts mehr gerechtfertigt war. Fragen war verpönt, Infragestellen verboten. Kaum noch etwas war von dem Geist großzügiger, kluger Menschenfreundlichkeit zu spüren, der Benedikt 1400 Jahre zuvor zu seiner Regel inspiriert hatte. Jeder von uns litt unter dem dumpfen Gefühl, dass ihm sein Leben vorgeschrieben wird – als würden wir zwangsläufig Unheil stiften, sobald wir selbständig entscheiden könnten. Forderte Benedikt in seiner Regel den Abt nicht auf, die ganze Gemeinschaft zusammenzurufen, sooft eine Frage von Wichtigkeit im Kloster zu behandeln sei? Und betonte er nicht gerade, dass Gott «oft einem Jüngeren offenbart, was das Bessere ist»? In seinen Klöstern musste zur Zeit der Spätantike mehr Demokratie geherrscht haben als zu unserer. Also, wir waren es leid, uns jeden Schritt diktieren zu lassen.

Doch Klöster sind keine Inseln, und ein gesellschaftliches Klima schlägt immer mehr oder weniger stark auf das Ordensleben durch. Damals, in den ersten Jahrzehnten der Bundesrepublik, waren viele unserer Abteien Orte einer strengen und starren Klosterzucht. Noch viele Jahre lang habe ich erlebt, dass ein Mönch gehorsam, treu und brav seine Regel einhalten und als Rädchen in einer Maschine funktionieren musste, sich keine Blöße geben und nur ja keine Schwäche zeigen durfte. Persönliche Probleme wurden verschwiegen und verheimlicht. Man konnte ja nicht einmal zu einem Mitbruder aufs Zimmer gehen, ohne sogleich Verdacht zu erregen – da musste dann so lange die Tür offen bleiben, wie zwei auf einem Zimmer miteinander redeten. In dieser Atmosphäre sind viele seelisch verhungert, einer an der Seite des anderen.

Auch hinter den roten Ziegelmauern von Sant'Anselmo in Rom herrschte seinerzeit das Gesetz der Entmutigung durch Bevormundung und Misstrauen. Drei Jahre lang, zwischen 1962 und 1965, habe ich dort als Student meine Erfahrungen mit Oberen gemacht, die am liebsten jeden unserer Schritte kontrolliert und, wenn es sie schon gegeben hätte, Überwachungskameras in unseren Zimmern installiert hätten. Wollten wir in die Stadt, waren wir oft gezwungen, uns wie Schüler in einem Landschulheim unbemerkt davonzustehlen. Und wollten wir an unserem freien Donnerstag einen Ausflug in die Albanerberge machen, mussten wir uns vorher heimlich im Stall von Sant'Anselmo umziehen, den schwarzen Mönchshabit gegen Wanderkleidung tauschen und unseren Habit gut verstecken – wenn überhaupt, durften wir nämlich nur ausgehen, wenn wir als Mönche auch zu erkennen waren.

Außerhalb der Klostermauern, in der einen oder anderen

ABTPRIMAS NOTKER WOLF

Trattoria Roms, habe ich dann bisweilen erlebt, wie selbst unsere Oberen auftauten und zu Menschen wurden. Offenbar taten sie sich selbst innerhalb der Klostermauern den gleichen Zwang an, den sie auf uns ausübten, wenn sie nur Zucht und Disziplin kannten, statt uns mit Liebe und Verständnis zu begegnen. Ich kam zu der Überzeugung, dass hier ein historisch gewachsenes Missverständnis von dem vorlag, was Mönchtum bedeutet, und als ich 1977 zum Erzabt von Sankt Ottilien gewählt wurde, setzte ich mir ein großes Ziel: das angstfreie Kloster.

Die Angst in den Klöstern rührte daher, dass man ständig in dem Gefühl lebte, beobachtet und kontrolliert zu werden. Es gab Klöster, da lief der Prior in der Frühe von Zimmer zu Zimmer, um alle zu wecken, die noch in den Federn lagen. Das war mir zu dumm. Ich hatte nicht vor, auf meine Autorität zu verzichten, wollte sie aber so einsetzen, dass eine Atmosphäre der Freiheit entstand. Mir schwebte eine Gemeinschaft freier Menschen vor, nach dem Vorbild einer großen Familie, in der einer dem anderen vertraut und alle offen miteinander reden. Das hieß für mich als Abt vor allem: niemanden einschüchtern, niemanden zur Schnecke machen, niemanden demütigen! Jeder, der eine Idee hatte, sollte sicher sein dürfen, bei mir Gehör zu finden. Das war im Klosteralltag nicht leicht. Es erforderte eine Engelsgeduld, sich wirklich jede Bemerkung, und war sie noch so unangebracht, erst einmal ruhig anzuhören. Aber ich zwang mich dazu, damit der Schüchternste wie der Verrückteste seine Hemmung verlor, offen mit mir oder vor allen anderen zu reden. Andererseits habe ich im Gespräch nie nachgebohrt, wenn jemand nicht mit der Sprache herauswollte, habe gewartet, bis einer von sich aus darauf zu sprechen kam, was ihn bedrückte. Und war ihm etwas peinlich, habe ich mich bemüht, ihm die Peinlichkeit zu nehmen.

Bei den Versammlungen lag mir vor allem daran, alle zu

Wort kommen zu lassen, keinem über den Mund zu fahren, jedem eine sachlich begründete Antwort zu geben und meine eigenen Absichten offen darzulegen, sodass nie der Eindruck entstehen konnte, ich hätte manipuliert. Meine Mitbrüder sollten die absolute Gewissheit haben, dass ihr Abt keinen austrickst. Ich habe mir immer gesagt: Es geht nicht um dich, Notker. Deine Macht besteht in der Machtlosigkeit, im bewussten Verzicht auf Machtausübung. Erst wenn die Leute sicher sein können, dass du deine Meinung nicht aus Eitelkeit vertrittst, weil du partout Recht behalten willst, erst dann interessieren sie sich dafür, was du denkst. Und nur dann lassen sie sich überzeugen. Das waren meine Konsequenzen aus der Achtundsechziger-Bewegung. So habe ich Freiheit verstanden.

Allerdings hatte ich damals längst die Erfahrung gemacht, dass die Vordenker und Wortführer von 68 samt ihrer Gefolgschaft einen ganz anderen Begriff von Freiheit hatten. Was meine Ideale anging, zehrte ich von der Aufbruchstimmung, die ich in meinem letzten Jahr in Sant'Anselmo erlebt hatte, als wir Studenten uns zusammensetzten und plötzlich Dinge aussprachen, die keiner bis dahin auszusprechen gewagt hätte, und alle die freudige Ahnung beschlich, dass es auch anders geht. In dieser Hochstimmung kam ich nach München, um mein Studium dort fortzusetzen. Die Studentenproteste steuerten auf ihren Höhepunkt zu. Anfangs fand ich es richtig, sich nicht mehr alles bieten zu lassen – wir waren doch alle viel zu brav. Nach kurzer Zeit aber war ich kuriert.

Ich will gar nicht von den sozialistischen Phantasien reden, die in den Strategiezentralen der Revolution ausgebrütet wurden. Ich wunderte mich schon über die regelmäßigen Anti-Vietnamkriegs-Demonstrationen. Natürlich, auch ich war gegen diesen Krieg. Aber mir schien es absurd, in Deutschland gegen Verhältnisse zu demonstrieren, die zu ändern gar nicht in unserer Macht lag. Diese Demonstrationen waren für mich

Gesinnungsshows, allenfalls gut zur kollektiven Einübung in Selbstgerechtigkeit. Genauso gut hätten wir Mönche mit großem Geschrei gegen die Sünde – oder vielleicht gegen den Sex – protestieren können.

Was mir zunächst aber einleuchtete, war der Wunsch zu diskutieren. Unser Leben ließ sich zweifellos nur dann freier gestalten, wenn wir die Gründe für unsere Bevormundung erst einmal zur Sprache brachten. Eine Diskussion ohne Zwang und Angst setzt ganz neue Ideen und Vorstellungen frei, also war ich dafür. Aber was die Studenten dann mit ihren Professoren veranstalteten, glich oft genug einem Verhör zum Zweck der Verhöhnung. Da brodelte derselbe moralische Übereifer wie bei den Demonstrationen.

Ich begriff bald, dass diese Leute jedem erlaubten, seine Meinung frei zu äußern, solange er ihrer Meinung war. Andernfalls allerdings wurde der Betreffende im Namen der Meinungsfreiheit zum Schweigen gebracht. Stellte sich einer als «systemkonform» heraus, fand er also nicht genug an Gesellschaft und Politik auszusetzen, erging es ihm übel. Mit dessen Wahrnehmungsfähigkeit konnte etwas nicht stimmen, und deshalb musste sein Bewusstsein einer Bildung unterworfen, also bearbeitet und auf Vordermann gebracht werden, bevor er wieder den Mund aufmachen durfte. Folglich hütete sich jeder, bei solchen Diskussionen etwas «Falsches» zu sagen.

Tatsächlich hatten die Achtundsechziger im Allgemeinen nicht die geringste Achtung vor abweichenden Meinungen. Mit anderen Worten: Die Freiheit des anderen zählte für sie nicht. Wäre es ihnen wirklich um Freiheit gegangen, hätten sie auf das Gewissen und den Verstand des Einzelnen gesetzt und jeden ermutigt, frei zu denken und frei zu sprechen. Nichts lag ihnen ferner. Es war schon ein Zeichen von Nachsicht, wenn sie bei Leuten, die ihre Auffassung nicht teilten, lediglich die Auswirkungen von «Manipulation» feststellten – als wären die Ärmsten Opfer einer Gehirnwäsche geworden. Welche Menschenverachtung äußerte sich da! In ihren Augen war der Einzelne zu schwach, sich der Manipulation seiner Ansichten zu erwehren, weshalb er dankbar sein musste, entmanipuliert zu werden. Für meinen Geschmack plusterte sich da eine selbst ernannte Bewusstseinselite zu allwissenden Richtern auf.

Wohin diese Anmaßung führte, das zeigte sich zum Beispiel an den Vorlesungsstörungen, die an der Münchner Universität ganz ordentlich organisiert wurden – für mich der Offenbarungseid von Leuten, denen es in keiner Weise um Freiheit ging, sondern darum, auch einmal unterdrücken zu dürfen. Im Lichthof der Universität baute sich täglich ein Komitee auf, das anhand der Vorlesungsliste einen genauen Vorlesungsstörungsplan aufstellte und ständig Studenten zusammentrommelte, um sie anschließend grüppchenweise als Störer in die Hörsäle zu schicken. Wenn ich dann aus dem Fenster unseres Studienkollegs in der Königinstraße blickte, wurde ich Zeuge, wie sich die Kleinsten schon in Psychoterror und Gewalt üben durften. Dort war, gleich gegenüber, ein antiautoritärer Kinderladen eingerichtet worden. Im Sommer standen die Fenster weit offen, und drinnen sah man nackte Kinder herumspringen, die sich mit Kot bewarfen oder damit die Wände beschmierten oder einfach kaputtmachten, was ihnen in die Hände fiel. Die Erzieherin – die diese Bezeichnung vermutlich zurückgewiesen hätte – griff nie ein.

Nach den Erlebnissen dieser Münchner Jahre war mir klar, dass die Freiheit der Achtundsechziger nichts mit dem zu tun hatte, was ich unter Freiheit verstand. Für sie bedeutete Freiheit offenkundig eine Ungebundenheit, die sich eigentlich nur außerhalb der menschlichen Gemeinschaft verwirklichen ließ. Innerhalb der Gesellschaft wirkte sie sich unweigerlich zum Schaden des Ganzen aus. Der etwas vage Schlachtruf «Macht kaputt, was euch kaputtmacht!» ließ sich jetzt präzisieren.

ABTPRIMAS NOTKER WOLF

Er war als Aufruf zu verstehen, alle zu verjagen, die den befreiten Menschen zur Rechenschaft ziehen könnten, und alle mundtot zu machen, die es noch wagen würden, ihn an seine Verantwortung zu erinnern.

Nein, die Achtundsechziger sind nicht über das Ziel hinausgeschossen, wie manche sagen. Wenn das Ziel Freiheit von Bevormundung und Einschüchterung hieß, dann haben sie dieses Ziel verraten. Ich bin allerdings sicher, dass sie im Grunde eine ganz andere Absicht verfolgten. Und ich fürchte, dass wir es mit einem gut gepflegten Mythos zu tun haben, wenn wir den Achtundsechzigern Toleranz, Liberalität, Weltoffenheit und individuelle Freiheit zu verdanken glauben und meinen, sie hätten Deutschland aus der bürgerlichen Erstarrung der fünfziger Jahre erlöst, das Land einer Frischzellenkur unterzogen und die Tore zur Freiheit aufgestoßen. Denn die deutsche Studentenbewegung war weniger eine Reaktion auf die gesellschaftlichen Zustände, als welche man die Protestbewegungen anderer Länder verstehen kann. Sie war vor allem eine Reaktion auf die Gräuel des Nationalsozialismus und der Versuch, eine Schuld aus der Welt zu schaffen, die sie selbst gar nicht auf sich geladen hatte.

Erinnern wir uns …

■ 07 ■ DIE ROMANTISCHE REVOLUTION

Erinnern wir uns. Lange bevor es mit 68 losgeht, hat die neue Freiheit bereits einen Namen: Pop-Musik. Rock 'n' Roll, Blues und Beat. Beatles, Rolling Stones und Jimi Hendrix. Die neue Freiheit ist ein neues, stimulierendes Lebensgefühl, das über England aus Amerika zu uns kommt, und von den ersten Stromstößen der medialen Globalisierung elektrisiert, gehen die jungen Leute daran, sich vom bürgerlichen Milieu ihrer Eltern und deren nun plötzlich altertümlich wirkenden, traditionell-europäischen Kulturvorstellungen zu verabschieden. Als Student in Rom werde ich selbst Rolling-Stones-Fan.

In den frühen Sechzigern wollen die Jugendlichen eigentlich nur ungestört ihre Musik hören und ihre Partys feiern. Die Elterngeneration hat aber ein feines Gespür für das rebellische Potenzial dieser Musik und erhebt Einwände dagegen. An der Musik scheiden sich die Geister. Der Generationenkonflikt, der nun ausbricht, hat also zunächst einmal den Charakter eines «Clash of Cultures», eines Zusammenpralls der Kulturen.

Doch dabei bleibt es nicht. 1964 kommt es in München zu den Schwabinger Unruhen. Jetzt bricht der Konflikt offen aus. Der Auslöser dafür ist die Verhaftung eines Straßenmusikers, über den sich Anwohner bei der Polizei beschwert haben. Die jungen Leute in den Terrassencafés der Ludwigstraße wollen die Bob-Dylan-Songs hören, die er auf seiner Gitarre vorträgt, die Alten in ihren Wohnungen an der Ludwigstraße wollen sie nicht hören, die Polizei greift ein, und dreitägige Massendemonstrationen mit Massenverhaftungen sind die Folge. Es kommt heraus, dass die festgenommenen Demonstranten im Polizeigewahrsam wie Kriminelle behandelt worden sind. Und jetzt wird der Protest lauter, der Ton schärfer. Im Licht solcher

ABTPRIMAS NOTKER WOLF

Ereignisse erscheint die These des Schriftstellers Heinrich Böll plausibel, die Gründer der Bundesrepublik hätten lediglich die Restauration des alten deutschen Obrigkeitsstaats betrieben. Und als sich auch Journalisten und Intellektuelle die Kritik der Jugendlichen zu Eigen machen, bekommt der Generationenkonflikt eine politische Dimension.

Bis dahin verläuft die Entwicklung in den meisten westeuropäischen Ländern ähnlich. Überall derselbe Aufbruch. Die Haare werden länger, die Röcke kürzer, die Kleider bunter und die Autos auch. Überall findet man Gleichgesinnte, Gleichgestimmte, hört mit ihnen Musik, redet sich die Köpfe heiß, man ist mit allen Sinnen dabei, man atmet freier, die Welt öffnet sich, und sie steckt voller Möglichkeiten. Man bricht zu Reisen auf, nach London und Amsterdam, man ist eine einzige, große Familie von Glückssuchern, die der bürgerlichen Welt zumindest in Gedanken den Rücken gekehrt hat. Und gleichzeitig macht man die Erfahrung, dass sich die Autorität anmaßender Staatsorgane und aufgeblasener Respektspersonen mit vereinten Kräften anfechten lässt. Für den, der jetzt jung ist und mitmacht, für den ist das Leben ein Fest, und ich glaube, dass der Mythos von 68 seinen Charme hauptsächlich dem Erlebnis der in diesen Jahren gewonnenen und genossenen neuen Freiheit verdankt. Natürlich nimmt dieses Fest auch dann seinen Fortgang, als die Achtundsechziger Ernst machen, aber von nun an geht es in Deutschland nicht mehr um Freiheit, sondern um Erlösung.

Je intensiver sich der politisch wache Teil der deutschen Jugend nun mit Staat und Gesellschaft in Deutschland auseinander setzt, desto stärker drängt sich ihm der Verdacht auf, dass die Nazizeit in den Köpfen der Älteren, in den Amtsstuben und Ordinariaten und Ministerien weiterlebt. Und je mehr sich dieser Verdacht für ihn erhärtet, desto intensiver beschäftigt er sich mit der Hitlerzeit. Und je gründlicher er sich damit beschäftigt, desto deutlicher wird ihm bewusst, welches Erbe die Nachkriegsgeneration von ihren Vätern übernommen hat. Und dieses Erbe ist unerträglich. Man kann es nicht zurückweisen, man hat keine Wahl, es ist einfach von den Vätern auf die Söhne übergegangen, und es ist unerträglich. Wer nur einigermaßen für Scham empfänglich ist, muss sich wünschen, von dieser Schuld befreit zu werden. Und das ist die eigentliche Aufgabe, die sich die deutschen Achtundsechziger stellen. Die Flasche, aus der der Geist von 68 kommt, trägt ein Etikett mit der Aufschrift «Schuld und Scham».

Gewiss, die Nachkriegsgeneration hat sich selbst nichts vorzuwerfen. Aber ebendeshalb macht ihr diese Schuld doppelt zu schaffen. Es ist ein merkwürdiges Schuldgefühl, gegen das man mit der Vernunft nicht ankommt, wie eine unauslöschliche Blamage, wie ein Makel, der sich vererbt. Die Vätergeneration hat versucht, ihre Schuld durch Geld und gute Worte abzutragen, und im Übrigen auf die gnädige Wirkung der Zeit gesetzt. In der Studentenrevolte sucht die Generation der Töchter und Söhne jetzt nach einem radikal anderen Weg. Ich würde ihn als Weg der Selbsterlösung bezeichnen.

Und nun schlägt die Stunde der Ideologen. Sie wollen nicht die Gesellschaft modernisieren, wie die rebellierenden französischen Studenten in Paris. Sie treten als Retter auf. Sie nehmen sich der deutschen Gesellschaft an wie Ärzte, die sich von einer völlig anderen Lebensweise Genesung für ihren Patienten versprechen. Sie wollen den neuen Menschen, die neue Gesellschaft und den neuen Staat. Sie verfolgen ein psychologisches Umerziehungsprogramm und verknüpfen es mit der Verheißung, dass die moralischen Folgeschäden der Hitlerzeit ein für alle Mal behebbar seien. Und sowenig die meisten Deutschen den revolutionären sozialistischen Phantasien der Achtundsechziger abgewinnen können, so gläubig reagieren sie auf diese Verheißung. Aus der Heilsbotschaft

ABTPRIMAS NOTKER WOLF

eines Rudi Dutschke, der mit enormem Sendungsbewusstsein von der historischen Chance spricht, die ganze Welt von Krieg und Ungerechtigkeit zu befreien, spricht der tief empfundene Erlösungswunsch, von dem die ganze Generation durchdrungen ist. Damals war das nicht so leicht zu durchschauen, weil wir diesen Erlösungswunsch alle mehr oder weniger geteilt haben. Heute sehen wir das. Und heute lässt sich auch nachvollziehen, wie konsequent sich diese deutsche Kulturrevolution auf ihr eigentliches Ziel zubewegt hat: die Befreiung von der Schuld der Väter.

Es beginnt damit, dass sich die Achtundsechziger selbst zu Opfern einer fortdauernden totalitären Unterdrückung erklären. Sie wechseln also die Seiten und damit die Identität. Nicht mehr die Söhne und Töchter von Tätern, sondern deren Opfer wollen sie jetzt sein. Für Wohlstandskinder in einer demokratischen Wohlstandsgesellschaft bedeutet das, dass sie unentwegt das Erbe der Hitlerzeit beschwören und überall Nazis und Faschismus am Werk sehen und ihre Unterdrückung so weit übertreiben müssen, dass die neue Opferidentität trotz Wohlstand und demokratischer Freiheit plausibel wird. Diesem Zweck dienen auch die Demonstrationen, auf denen man die Geknechteten dieser Erde seiner Solidarität versichert – wir gehören zu euch, lautet die Botschaft, wir sind Opfer wie ihr. Gute Dienste leistet dabei die Theorie der «repressiven Toleranz» – im Grunde nichts anderes als die Behauptung, im demokratischen Staat sei die Unterdrückung zwar nicht offensichtlich, aber gerade deshalb umso wirkungsvoller, mithin besonders perfide. Die Achtundsechziger schaffen, mit anderen Worten, zunächst einmal eine surreale Situation, sie inszenieren den Faschismus sozusagen virtuell nach, sie bilden sich ein, noch einmal das zu erleben, was ihre Väter erlebt haben, um dann – im Unterschied zu ihren Vätern – als Helden mit sauberen Händen und weißer Weste daraus hervorgehen zu können. Wenn man will, kann man darin die Züge eines schamanischen Reinigungsrituals erkennen.

In jedem Fall erlaubt der Wechsel von der Täterseite auf die Opferseite dieser Generation, das väterliche Erbe der Schuld zurückzuweisen. Und nicht nur das. Der Seitenwechsel stattet sie auch mit dem Nimbus des Opfers aus. Dieser Nimbus verleiht moralische Autorität. Jetzt können die Achtundsechziger ihren Vorstellungen einen ganz anderen Nachdruck verleihen. Und das sind weitreichende Vorstellungen, wie gesagt. Wenn alles verpestet und vergiftet ist, dann muss eben alles grundsätzlich erneuert werden, dann helfen nur noch radikale Eingriffe in die Gesellschaft und das individuelle Bewusstsein. Die unablässige Beschwörung der Schrecken der Nazizeit hat auch die Funktion, so viele Menschen wie möglich von der Notwendigkeit einer solchen Umerziehung zu überzeugen. Bewusstseinsbildung heißt das im Jargon der Zeit.

Die alte Ordnung wird im Wesentlichen auf drei Gebieten bekämpft: der Politik, der eigenen Lebensgestaltung und der Kindererziehung. Was das große Ganze angeht, den Staat und die Politik, fordern die Achtundsechziger einen Neuanfang unter moralischen Vorzeichen. Sie wollen sich nicht damit zufrieden geben, dass in der Politik der Bundesrepublik alles mit rechten, demokratischen Dingen zugeht – sie haben ohnehin keine hohe Meinung von den Spielregeln der bürgerlichen Demokratie –, sie verlangen vielmehr eine moralische Ausrichtung aller Politik, gewissermaßen eine zusätzliche moralische Legitimation des Staates. Die deutsche Politik soll sich nicht mehr an nationalen Interessen, am Machbaren und Zweckmäßigen orientieren, wie in aller Welt üblich, sondern an dem, was moralisch wünschenswert ist, und das heißt im Klartext: an einem kompromisslosen Pazifismus, an einer weitgehenden Solidarität mit allen, die für sich reklamieren können, Opfer zu sein, sowie an Vorstellungen von Gleichheit

ABTPRIMAS NOTKER WOLF

und sozialer Gerechtigkeit, die dem Sozialismus abgewonnen sind. Nicht von ungefähr befinden sich unter den Führern von 68 etliche Theologen.

Der erste Erfolg der Achtundsechziger besteht darin, dass sie sich mit dieser Forderung durchsetzen. Seit der Regierungszeit von Willy Brandt sind im politischen Geschäft der Bundesrepublik nicht mehr Zweckmäßigkeit oder Notwendigkeit ausschlaggebend, sondern etwas, das ich als moralischen Ehrgeiz bezeichnen würde. Alles, was in der deutschen Politik seither geschieht, muss eine moralische Dimension haben, muss erst in zweiter Linie vor der Vernunft Bestand haben und sich zunächst einmal vor dem Weltgewissen rechtfertigen. Mit dem Erfolg, dass mit Vernunftgründen kaum mehr zu bestreiten ist, was moralisch für gut und richtig befunden wurde.

Aus Sicht der Ideologen hat der gute, der mit einem Gewissen ausgestattete Staat verschiedene Vorzüge. Er soll die Gewähr dafür bieten, dass sich die Deutschen künftig vorbildlich benehmen. Er soll aller Welt die Ernsthaftigkeit des deutschen Läuterungsprozesses vor Augen führen. Er soll aber auch dem Einzelnen erlauben, alle Verantwortung vertrauensvoll an diesen Staat abzutreten, damit er sich selbst ungeahnte Freiheiten nehmen kann. Genau das scheint mir gemeint zu sein, wenn die Achtundsechziger von Selbstverwirklichung sprechen – dem zweiten Programmpunkt auf ihrer Agenda, wenn man so sagen darf.

Die Idee der Selbstverwirklichung kommt als großes Freiheitsversprechen daher. Die Verantwortung dafür, dass die Gesellschaft nicht auf Abwege gerät, ist beim moralischen Staat ja bestens aufgehoben; folglich kann der Einzelne sich nun ungehemmt seinem Lebensglück widmen. Endlich braucht er nur noch auf sein reines, unverdorbenes Ich zu hören, kann ungehindert seinen Trieben, Wünschen und Träumen folgen und braucht keinen anderen Maßstab mehr gelten zu lassen als den seines eigenen Glücks. Durch keine Rücksicht an einen anderen Menschen, durch keine Verpflichtung an eine Aufgabe, durch keine Überzeugung an eine Idee gebunden sein, das ist die neue Freiheit – und die Sexualität ist das Tor zu dieser Freiheit.

Das klingt wie eine Aufforderung zu rücksichtslosem Egoismus. Aber mit der Idee der Selbstverwirklichung verbinden sich große Hoffnungen. Als befreites Triebwesen, gewissermaßen in seinen natürlichen Urzustand zurückversetzt, soll der Mensch gegen alle Einflüsse der Zivilisation immun werden und die Lust an gesellschaftlichen Unterschieden und Hierarchien verlieren. Sobald er seine wahren, natürlichen Bedürfnisse erkennt und befriedigt, hat er keinen Grund mehr, seine unterdrückten Wünsche auf dem Umweg über politische Abenteuer zu kompensieren, und lässt sich dann auch nicht mehr zu Untaten anstiften. Das befreite Triebwesen ist von Natur aus gut.

Und darum geht es. Um Schuld und Unschuld, das große, unausgesprochene Thema der Achtundsechziger, das Grundmotiv, das alle Energien mobilisiert, die zur radikalen Gesellschaftsveränderung drängen. Nicht individuelle Freiheit ist das Ziel der Selbstverwirklichung, sondern die Ungebundenheit dessen, der einen Freibrief in der Tasche hat. Einen Freibrief, der ihm Schuldunfähigkeit attestiert. Den Freibrief zum Sichgehen-Lassen. Und nach den Vorstellungen der Initiatoren des ersten antiautoritären Kinderladens, 1968 in Hamburg eröffnet, würde dieser Freibrief künftig jedem Kind gleich nach seiner Geburt ausgehändigt, anstelle des Taufscheins gewissermaßen.

Dies – Punkt drei auf der Agenda – ist das ehrgeizigste Projekt der Achtundsechziger: die Schaffung eines neuen Menschen. Von Anfang an soll er auf den Heilsweg der Selbstverwirklichung gebracht werden und dann innerhalb der Gesellschaft so leben, als würde er außerhalb der Gesellschaft leben. Frustrationsvermeidung ist das Zauberwort der antiautoritären Erziehung, und Frustrationen bleiben Kindern nur erspart, wenn ihnen die Begegnung mit der gesellschaftlichen Wirklichkeit und die Bekanntschaft mit den Regeln des Zusammenlebens erspart bleiben – die, im Übrigen, nicht nur verderblich, sondern auch überflüssig sein sollen. Denn der antiautoritär aufgewachsene Mensch wird sich ja von konventionellen, aus bürgerlichen Traditionen abgeleiteten Regeln nicht mehr leiten lassen müssen. Er wird allein den spontanen Regungen eines Herzens folgen dürfen, das nur die Liebe zum Leben kennt.

Das klingt romantisch. Sehr romantisch. Und das ist es auch – Romantik in schönster deutscher Tradition. Im Vertrauen darauf, dass der gute, freie Mensch in Erscheinung tritt, wenn ihn keine Zivilisation mehr verformt und keine Autorität mehr verbiegt, glauben die Verfechter der Selbstverwirklichung, auf Moral und Gewissen ganz verzichten zu können. Zwei Ideen des 19. Jahrhunderts fließen hier zusammen: einmal die Vorstellung vom Übermenschen, wie sie bei Friedrich Nietzsche zu finden ist, zum anderen die Sehnsucht nach dem verlorenen Paradies der kindlichen Unschuld, wie sie den Großteil der romantischen Literatur durchzieht. Übermenschlich ist der Wunsch, über sich selbst und jede Moral hinauszuwachsen und allein zu bestimmen, welche Regeln im Zusammenleben gelten sollen. Und die Sehnsucht nach einem Zustand natürlicher Unschuld äußert sich in dem Verlangen, sich von allen Zwängen zur Selbstbeherrschung zu befreien, die uns unsere Verantwortung als erwachsenen Menschen auferlegt. Man tut den Revolutionären von 68 sicher nicht Unrecht, wenn man in solchen Freiheitsideen die Allmachtsphantasien von Kindern wiedererkennt – endlich alles dürfen und keine Strafe gewärtigen müssen! Endlich in einer Welt leben, in der nichts mehr Konsequenzen hat! Endlich nicht mehr Rede und Antwort stehen müssen, egal was man ausgefressen hat! Mit dem unverführbaren, schuldunfähigen Menschen hätte sich das Problem der Schuld ein für alle Mal erledigt.

Den wenigsten fällt auf, dass die Devise der Selbstverwirklichung nichts anderes als die Umkehrung einer Naziparole ist. «Du bist nichts, dein Volk ist alles!» hatte es im Dritten Reich geheißen. «Du bist alles, die Gesellschaft ist nichts!» soll jetzt richtig sein. Doch das eine ist so falsch wie das andere.

ABTPRIMAS NOTKER WOLF

▪ 08 ▪ KURS AUF DIE TOTALE FREIHEIT

In den achtziger Jahren stieß ich in *Le Monde* auf einen Bericht über die Landkommunen in Südfrankreich. Nach 68 hatten sich dort, im Pyrenäenvorland, Hippies, Aussteiger, Zivilisationsflüchtlinge zusammengefunden und Kommunen gegründet – nichts Ungewöhnliches in einer Zeit, als viele dem festen Gefüge der bürgerlichen Kleinfamilie zu entkommen suchten und sich von freiwilligen Gemeinschaften die größten Entfaltungsmöglichkeiten versprachen. Das Überraschende an diesem Artikel war für mich, dass etliche dieser Kommunen nach der Regel des heiligen Benedikt lebten. Nicht streng und nicht in klösterlicher Zucht natürlich; eher in dem Sinne, dass man einen Leitfaden für die Gestaltung des Gemeinschaftslebens daraus entwickelt hatte. So galt zum Beispiel die Regel, das Frühstück stillschweigend einzunehmen, um wenigstens einmal am Tag zur Besinnung zu kommen.

Die Heilsbotschaft vom guten, naturguten Menschen hatte sich im Alltag dieser Kommunen offenbar nicht bewährt. Wer es mit der persönlichen Freiheit ernst meint, merkt bald, dass die Selbstverwirklichung der Achtundsechziger immer auf Kosten anderer geht. In der Wirklichkeit ist es unmenschlich, sich seinen Launen und Trieben zu überlassen, da braucht das Leben in der Gemeinschaft eine Ordnung, die Freiheit überhaupt erst ermöglicht. Diese Leute in Südfrankreich hatten also nicht wie Ideologen gedacht, die in Übergangsformen immer schon das Heil selbst erblicken und sich bereits am Ziel wähnen, wenn sie die alten Lebensformen zerstört haben. Stattdessen hatten sie die einschnürende Ordnung ihrer Elternhäuser, der sie entflohen waren, in eine neue, sinnvolle Ordnung überführt.

Ordnung ist menschlich, Unordnung ist unmenschlich. Unordnung begünstigt die Starken und benachteiligt die Schwachen – Frechheit siegt, die Schüchternen haben das Nachsehen, und schon diagnostizieren wir fassungslos die Ellenbogengesellschaft, die doch angeblich keiner will. Wenn sich die alte Ordnung also überlebt hat und nur noch einschüchtert und entmutigt und alle Regungen des Geistes wie des Herzens abtötet, dann kann die Aufgabe nur darin bestehen, eine neue Ordnung zu finden. Und damit meine ich nicht bloß den großen Rahmen, in dem einer dem anderen zur Entfaltung seiner besten Kräfte verhelfen kann. Schon eine sinnvolle Organisation des Alltags bedeutet einen Gewinn an Freiheit. Einer meiner Vorgänger als Abtprimas in Sant'Anselmo hatte den Ersten Tisch an der Stirnwand des Refektoriums abgeschafft, wo Abtprimas, Prior und Rektor normalerweise leicht erhöht sitzen und die ganze Gemeinschaft der speisenden Mönche überblicken. Er hatte sich, aus einer nachvollziehbaren demokratischen Anwandlung heraus, beim Essen mitten unter die Mönche gesetzt. Ich habe dann als Abtprimas wieder meinen Platz am Ersten Tisch eingenommen, aus dem einfachen Grund, weil es in einem Refektorium mit hundert oder zweihundert Mönchen irgendjemanden geben muss, der den Überblick hat, das Zeichen zum Anfang gibt, alles im Auge behält und bemerkt, wo gerade etwas fehlt.

Benedikt selbst hatte in seinen Klöstern übrigens eine feste Sitzordnung im Refektorium eingeführt. Eine revolutionäre Sitzordnung. Da reihten sich die Mönche auf ihren Bänken oder Schemeln nämlich nicht dem Rang nach auf, den sie vorher in der Gesellschaft bekleidet hatten – also etwa die Priester und Adligen vorn, die Bauern und Unfreien hinten, wie es sich außerhalb des Klosters gehört hätte –, sondern schlicht und einfach in der Reihenfolge, in der sie im Laufe der Zeit ins Kloster eingetreten waren. Wer am längsten da war, nahm vorn Platz, wer erst kürzlich eingetreten war, setzte sich ans Ende, egal ob Patrizierssohn oder Sklave. Heute können wir kaum noch ermessen, welche Demut ein Adliger aufbringen musste, der zeitlebens einem Bauern den Vortritt lassen musste. Unsere Achtundsechziger hätten in einer derartigen Sitzordnung bloß den Zwang zur Unterordnung gesehen, für Benedikt aber kam in dieser Sitzordnung die Gleichheit aller Menschen vor Gott zum Ausdruck, eine Gleichheit, die alle Rangunterschiede aufhebt und dadurch eine neue Erfahrung von Freiheit ermöglicht. So lässt sich mit einer schlichten Anordnung eine revolutionäre Idee verwirklichen. In vielen Klöstern mit jüngeren Mönchen oder Nonnen, vor allem in den USA, darf sich heute beim Essen jeder setzen, wie er mag. Bei größeren Klöstern mit einer älteren Belegschaft aber ist eine Sitzordnung doch ratsam, wie ich festgestellt habe – nicht zuletzt deshalb, weil der eine seine Pillen und der Nächste seine Serviette und der dritte irgendetwas anderes in der Ablage unter seinem Platz am Tisch verstaut. Wenn unsere Mönche in Sankt Ottilien mittags oder abends vom Chorgebet ins Refektorium kommen, geht es also zu wie auf dem Bauernhof: Jede Kuh und jeder Ochse hat seinen festen Platz im Stall.

Vernünftige Regeln befreien, und eine gute Ordnung schafft Raum zur Entfaltung der Persönlichkeit. Ich habe das Gefühl, dass sich diese Einsicht in Deutschland immer noch nicht herumgesprochen hat. Mir scheint, dass wir den Widerwillen gegen jede Regel und jede Ordnung als eine Errungenschaft von 68 verstehen, der man untreu würde, wenn man das Ideal der Form- und Zügellosigkeit aufgeben würde. Das Fatale ist also nicht, dass die Achtundsechziger ihre erklärten Ziele alle erreicht hätten, sondern dass sie uns ihre Vorstellungen von Freiheit als Ideale vererbt haben. Jede Weiterentwicklung ist dadurch verhindert worden. Das eigentliche Ziel war ja erreicht, die Erlösungsformel gefunden, alle gesellschaftliche Autorität moralisch disqualifiziert und man selbst im Stand der Gnade. Wer wollte da noch über Nebensächlichkeiten nachdenken wie etwa die Entwicklung einer guten, sinnvollen Ordnung für das Zusammenleben oder gesellschaftliche Spielregeln, die der Freiheit aller tatsächlich förderlich wären? Zumal Begriffe wie «Ordnung» oder «Regel» vom Hohn der Achtundsechziger durchtränkt und fortan regelrecht anrüchig waren.

Wie großartig wäre es gewesen, wenn man sich in den langen Tagen und Nächten hitziger Diskussionen in jenen Jahren den Kopf darüber zerbrochen hätte, wozu man seine Freiheit ganz praktisch, ganz konkret gebrauchen könnte, wie der Beitrag des Einzelnen zu einer freieren und menschlicheren Gesellschaft aussehen müsste und was der Zweck der neuen Freiheit sein sollte. Leider sind unsere Achtundsechziger gleich von der Auflehnung zur Ablehnung übergegangen. Nie um einen Weltverbesserungsvorschlag verlegen, haben sie kläglich versagt, sobald es um das menschliche Zusammenleben ging. Da zeigte sich kein neuer Geist, der zur Entwicklung einer besseren, menschlicheren Ordnung beflügelt hätte. Bloß frei sein von allem, was uns untereinander und mit der Vergangenheit verbindet, ist eben eine negative Vision. Sie speist sich aus dem Geist grundsätzlicher Opposition und erschöpft sich, wenn es ans Handeln geht, im Verhindern und Verweigern, im Dagegensein und der fruchtlosen Haltung des Sich-nichts-gefallen-Lassens.

Oft habe ich den Eindruck, dass wir diesen Nihilismus hüten wie einen Schatz. Beinahe gleichgültig, in welchem Kreis man sich gerade aufhält – nichts ist populärer, als gegen etwas zu sein, und nichts verschafft einem schneller Verbündete. Fast könnte man sagen: Wer bei uns an den bestehenden Verhältnissen – hier oder sonst irgendwo auf der Welt – etwas bemängelt, der darf sich von vornherein im Recht fühlen. Kritik? Nur zu! Aber konstruktive Gegenvorschläge, neue Entwürfe,

ABTPRIMAS NOTKER WOLF

positive Ideen? Da verlässt uns schnell der Mut. Nichts akzeptieren, aber auch nichts Besseres versuchen, heißt die Devise.

Für mich ist das ein weiteres Zeichen dafür, dass es vielleicht zur Befreiung gereicht hat, aber nicht zur Freiheit. Befreiung führt eben nicht automatisch auch zur Freiheit. Befreiung heißt ja, sich zu lösen, sich zu trennen, zu zerschlagen oder zu entfliehen, sie hat auf jeden Fall mit Zerstörung zu tun. Was aber dann? Wozu seine Freiheit jetzt gebrauchen? Wofür lohnt es sich denn nun zu kämpfen? Freiheit, das ist Handlungsfreiheit, das ist Gestaltungsfreiheit, das ist die Chance, Gutes zu wirken und den Elan des Aufbruchs so zu nutzen, wie … nun, wie es zum Beispiel die jungen Leute von der Comunità di Sant'Egidio in Rom getan haben.

Die späten sechziger Jahre waren auch in Rom eine unruhige Zeit. Damals gab es an einem römischen Gymnasium etliche junge Leute, Oberstufenschüler, die die Möglichkeiten, welche die neue Freiheit ihnen eröffnete, sinnvoll nutzen wollten. Sie waren entschlossen, selbst etwas zu tun, selbst etwas zu ändern, aber nicht mit großem Getöse und erst recht nicht mit Gewalt. Zwölf von ihnen taten sich zusammen – die Zahl war gewiss kein Zufall – und fingen an, Freizeiten für alte Leute zu organisieren, die oft einsam und allein in heruntergekommenen und völlig verdreckten Zimmern hausten. Dann riefen sie Armenspeisungen ins Leben. Als in den siebziger Jahren die psychiatrischen Kliniken in ganz Italien aus ideologischen Gründen dicht gemacht wurden, kümmerten sie sich um die entlassenen Patienten, von denen nun viele, sich selbst überlassen, in Parks und unter den Tiberbrücken lebten. Außerdem machten sie sich daran, den sprachunkundigen Zigeunern und Einwanderern in den Vororten von Rom Italienischunterricht zu erteilen. Und allabendlich um halb neun trafen sie sich zur Vesper in der Kirche Sant'Egidio, um gemeinsam zu beten und zu singen und mit den Nöten und

Erfahrungen jedes Tages vor Gott zu treten – daher ihr Name «Comunità di Sant'Egidio».

Ziemlich bald war ich mit ihnen gut befreundet, weil etliche der Initiatoren nach dem Abitur bei uns in Sant'Anselmo Theologie studierten, zu einer Zeit, als ich selbst dort Philosophie unterrichtete. Das waren keine gewöhnlichen Studenten. Wenn die anderen ihren Stoff büffelten und paukten, jeder für sich, dann saßen die jungen Leute von Sant'Egidio in Gruppen beisammen und verarbeiteten in lebhaften Diskussionen, was sie in den Vorlesungen gehört hatten. Bei denen herrschte der wahre Geist von 68! Die Theologiestudenten waren seinerzeit bei uns einer ziemlich deutschen Disziplin unterworfen, für die galt in den Vorlesungen beispielsweise die Präsenzpflicht, doch von den Sant'Egidio-Leuten waren meist nur wenige anwesend. Wie oft habe ich sie vor unseren Professoren verteidigt und gesagt: Die arbeiten untertags in ihren Projekts, die haben eben manchmal keine Zeit, stundenlang im Hörsaal zu sitzen! Ohne dass sie es wussten, habe ich sie nach Kräften unterstützt. Und hinterher haben genau diese Leute dann die besten Examina abgelegt.

Heute sind die Oberstufenschüler von damals gesetzte, ältere Herren, die auf die sechzig zugehen. Die Comunità di Sant'Egidio bildet eine weltweite, soziale Friedensbewegung und verfügt über ein weit gespanntes organisatorisches Netz. In Mosambik führen sie ein großes Aids-Programm durch. Und der Frieden nach dem jahrzehntelangen Bürgerkrieg in diesem Land wurde in Sant'Egidio geschlossen. Auch diese Idealisten haben inzwischen erfahren müssen, was menschliches Versagen ist. Dennoch haben sie sich die Energie der frühen Jahre bewahrt. Viele junge Leute sind im Lauf der Zeit dazugestoßen, und heute ist die Comunità di Sant'Egidio allein in Rom auf viertausend Mitarbeiter angewachsen – obwohl sie nach wie vor keine Organisation ist, sondern eine Bewegung,

ABTPRIMAS NOTKER WOLF

genau wie das Mönchtum. Bei diesen Menschen war von Anfang an die Kraft des Evangeliums zu spüren – und der Wille,
mit der Freiheit Ernst zu machen. Also nicht der Versuchung
nachzugeben, den Staat zur eigenen moralischen Selbstverwirklichung zu missbrauchen, sondern alles daranzusetzen,
seiner Freiheit Zweck und Inhalt zu geben und dem hohen
moralischen Anspruch der Achtundsechziger im eigenen Leben gerecht zu werden.

Ich weiß: Auch bei uns in Deutschland hat es Menschen
gegeben, die Initiativen gegründet und Verantwortung übernommen haben, deren Engagement sich nicht darauf beschränkt hat, den Staat pausenlos an seine Verantwortung
zu erinnern. Die großflächige Wirkung des Selbsterlösungs-
programms unserer Achtundsechziger aber ist eine andere.
Die Kombination aus moralischem Obrigkeitsstaat und persönlicher Selbstverwirklichung erlaubt nämlich, die Verantwortung von der Freiheit abzukoppeln und sein eigenes
Gewissen an den Staat abzutreten, um selber gewissenlos leben zu können. Totale Freiheit, aber unter der Aufsicht eines
mütterlichen Staates, der für ein wohliges soziales Klima zu
sorgen hat und die Auswüchse dieser Freiheit mit Tausenden
von Gesetzen eindämmt – diese Aussicht ist offenbar unwiderstehlich. So unwiderstehlich, dass die deutsche Gesellschaft bis
heute von dem Kurs auf die totale Freiheit, den sie nach 68
eingeschlagen hat, nicht mehr abgewichen ist.

Unüberhörbar klingt in diesem Anspruch auf totale Freiheit wiederum die deutsche Romantik mit ihren zentralen
Motiven an, nämlich der Sehnsucht nach einer natürlichen
Ordnung, für die kein Mensch mehr zuständig ist, nach einem
Dasein im Einklang mit einer höheren Macht, nach der Geborgenheit in einem mütterlichen Universum. Immer Kind
bleiben dürfen – wer das verheißt, der wird in Deutschland
vermutlich eher als irgendwo sonst auf der Welt Gehör fin-

den. Und wie in der Logik unserer Achtundsechziger gehört auch in der romantischen Logik beides zusammen: der aus den Fesseln der Zivilisation befreite Mensch zum einen und die gnädige höhere Macht, der er sich anvertrauen kann, zum anderen. Menschen, die sich ernsthaft an die Verwirklichung des Traums von der totalen Freiheit machen, brauchen eben einen Staat, der ihnen nicht die Illusion raubt, ohne Verantwortung zu sein, und der sich schützend vor sie stellt, sobald unangenehme Konsequenzen drohen.

Doch umsonst gibt es die totale, die grenzenlose Freiheit nicht. Sie hat einen hohen Preis: In letzter Konsequenz läuft sie auf die Rückverwandlung des Menschen zum Tier hinaus. Für mich stellt die deutsche Kulturrevolution deshalb keinen weniger gravierenden Bruch mit der abendländischen Tradition dar als die Französische Revolution. Damals, 1789, war Gott durch die Vernunft abgelöst worden – eine einschneidende Veränderung, denn nicht mehr die Religion lieferte von nun an den absoluten Maßstab, sondern die Philosophie, die Vernunftreligion. Immerhin gab es weiterhin einen allgemeinverbindlichen Mythos, eingeschlossen in die großen Begriffe der Freiheit, der Nation, der Vernunft. 1968 hat man dann auch noch die Vernunft verstoßen, die Natur an ihrer Stelle auf die Altäre gesetzt und die Freiheit individualisiert. Seither leben wir in einer Welt ohne Gott, ohne Jenseits, ohne Väter und ohne eine vernünftige Vorstellung von dem, was Freiheit ist.

Der tiefe Widerspruch, in den wir uns hineinmanövriert haben, zeigt sich für mich am deutlichsten in unserem Verhältnis zur Schuld. Als deutsche Bürger können wir von Schuld nicht genug kriegen – daraus spricht unsere Sorge um den moralischen Staat. Im Privatleben aber plädieren wir grundsätzlich auf «nicht schuldig». Da wollen wir von Schuld nichts mehr wissen, da halten wir die Schuld womöglich für eine perfide Erfindung des Christentums. Die Kirche, heißt es dann, erzeuge ein völlig unangebrachtes Schuldbewusstsein, um ihre Gläubigen in Gewissensnöte und Abhängigkeit zu bringen – ohne Schuldgefühle lebe es sich bedeutend entspannter. Das mag sein. Aber wer die Schuld abschafft, schafft auch die Verantwortung ab. Und wer die Verantwortung abschafft, schafft die Freiheit ab.

Kein Zweifel – Schuld ist etwas Lästiges. Es ist eben unangenehm, dass wir immer wieder versagen, und sich das einzugestehen verlangt Mut. Aber wer den Glauben an die Freiheit des Menschen nicht aufgeben will, der muss diesen Mut aufbringen – und sich darüber hinaus auch zu der realistischen Einsicht durchringen, dass das Reich des Friedens auf Erden ebendeshalb niemals herzustellen ist. Eine gerechte Welt sei möglich – wie es noch 2005 auf Wahlplakaten der SPD hieß? Nein, das ist sie nicht. Die gerechte Welt übersteigt bei weitem unsere Kräfte. Aus dem einfachen Grund, weil es das Böse gibt. Oder genauer gesagt: Weil wir jederzeit mit unserer eigenen Böswilligkeit rechnen müssen.

Mit Böswilligkeit meine ich diese eigenartige menschliche Lust am Bösen. Nach meinem Verständnis liegt in dieser lustvollen Schwäche für das Böse der tiefste Grund für den Unfrieden und die Ungerechtigkeit auf der Welt. Natürlich kann das Böse auch einer völligen Verwirrung des Geistes entspringen, wofür mir der gewalttätige islamische Fundamentalismus ein Beispiel liefert. Entscheidender aber ist für mich die Lust am Bösen. Ein zehnjähriger Junge hat mir vor vielen Jahren einmal die Augen dafür geöffnet.

Eigentlich ging es dabei um einen Vorfall von ergreifender Harmlosigkeit – er gestand mir nämlich, seine kleine Schwester mit einer gefangenen Spinne die Treppe hochgejagt zu haben. Da habe ich zunächst geschmunzelt und ihn beruhigt und gesagt: «Du, das ist nicht tragisch, das war nichts weiter als ein Dummerjungenstreich ...» Doch er wollte davon nichts wissen. «Nein, nein», sagte er. «Ich weiß ja, welche Angst meine Schwester vor Spinnen hat. Es hat mir Spaß gemacht, meiner Schwester Angst einzujagen, und das ist Sünde.» Da verstand ich, was er meinte. Was ihm zu schaffen machte, das war weniger das Mitleid mit seiner Schwester als vielmehr die Erfahrung seiner eigenen Böswilligkeit. Er war über sich selbst erschrocken. Ich glaube, dass in diesem Willen, Schaden anzurichten, das Böse Wirklichkeit wird, in dieser Lust am Bösen, in dieser Freude über die Angst oder die Erniedrigung oder die Zerstörung eines anderen. Da braucht man gar nicht den Teufel an die Wand zu malen, wenn man dem Bösen eine Gestalt verleihen will. Personale Züge bekommt das Böse, auch ohne dass wir uns eine Dämonenfratze dazu denken, nämlich in dem persönlichen Willen, dem anderen zu schaden. Die Genugtuung über sein Verderben, die Lust an seiner Qual, das ist für mich das Teuflische, und weil es diese Lust in jedem Menschen gibt, deswegen dürfen wir die Möglichkeit nicht leugnen, dass jeder schuldig werden kann.

Mitunter kommen Menschen zu mir, die unter der Last ihres Schuldgefühls stöhnen wie unter dem Gewicht eines Mühlsteins. Diesen Menschen sage ich, dass Schuldgefühl und Schuld oft zweierlei sind. In manchen Fällen ist ein Schuldgefühl ganz unbegründet – wie etwa bei jener Frau, die einige Male an meinen Exerzitien in Sankt Ottilien teilnahm. Sie war besessen von der Angst, sich schuldig zu machen, weil sie sich in jedem Augenblick ihres Lebens von Gott beäugt und drangsaliert fühlte. Durch falsche Erziehung kann ein falsches Schuldgefühl erzeugt werden, gar keine Frage. Aber durch falsche Erziehung kann genauso auch ein falsches Unschuldsgefühl anerzogen werden. Da haben Leute objektiv Schuld auf sich geladen und merken es nicht, empfinden es nicht, fühlen sich weiterhin unschuldig. Ich hatte einmal eine deutsche Abiturientenklasse in Sant'Anselmo zu Besuch. Diese Schüler benahmen sich für meinen Geschmack barbarisch, sie gingen völlig rücksichtslos mit den Dingen, der Einrichtung, den Sachwerten in ihrer Pension oder draußen auf der Straße um. Ich stellte sie zur Rede. Ich wollte wissen, wo die Grenze für sie war, wo ihr Schuldbewusstsein einsetzte. «Am Ende würdet ihr auch einen Menschen umbringen?», fragte ich sie. Da entgegnete mir einer: «Na, und?» – «Und euch selber – könntet ihr euch auch gegenseitig umbringen?», fragte ich weiter. Und wieder sagte einer: «Na, und?» Da wurde mir klar, dass diese jungen Leute kein Wertempfinden besaßen. Offenbar hatten sie nie gelernt, den Wert einer Sache zu erkennen, und brachten nicht einmal für das Leben Achtung auf.

Das falsche Unschuldsgefühl entsteht immer dann, wenn junge Menschen fortwährend in einem Zustand kindlicher Unmündigkeit gehalten und nie zur Verantwortung gezogen werden oder ihr natürliches Gespür für Werte in voller Absicht zerstört wird. Sicherlich besteht immer die Gefahr, Kindern einen Respekt vor falschen Werten einzuimpfen und unberechtigte Scham zu erzeugen. Aber welch ein Irrtum, aus dieser Sorge heraus ganz darauf zu verzichten, ein Gefühl für Werte zu vermitteln! Ich fürchte, dass wir immer mehr die Fähigkeit verlieren, eigenes und fremdes Versagen zu bewältigen, nachdem wir die persönliche Schuld abgeschafft haben. Denn eine Welt ohne Schuld ist auch eine Welt ohne Verzeihung, ohne Vergebung und ohne Gnade, da gärt und brodelt die verleugnete Schuld untergründig weiter, und der angestaute Groll verwandelt sich in kalte Gleichgültigkeit, wenn er sich nicht in Streit und Zerstörung entlädt. Wie wohltuend, wie befreiend ist es dagegen, sich zu entschuldigen und Verzeihung zu gewähren. Wer sich zu seiner Schuld bekennt, der erlebt sie eben nicht als drückende Belastung, nicht als allgegenwärtige Schuld, die wie ein Damoklesschwert unaufhörlich über ihm hängt, sondern als konkrete Schuld infolge eines Versagens

WORAUF WARTEN WIR?

in einem ganz bestimmten Fall. Mit anderen Worten: als verzeihlich.

Wenn wir Christen also Schuld weiterhin als Schuld bezeichnen, dann ebendeshalb, weil wir bei aller menschlichen Schwäche an die Freiheit glauben. Ich weiß, dass ich immer wieder versagen werde. Ich weiß, dass ich mich immer wieder schuldig machen werde. Aber ich weiß auch, dass es einen gnädigen Gott gibt, der mir verzeiht, wenn ich ihn darum bitte. Es gibt eine Erlösung von Schuld. Aber sie besteht nicht in der Abschaffung der Schuld. Sie besteht in der Anerkennung eigener Schuld und im Verzeihen.

ABTPRIMAS NOTKER WOLF

■ 09 ■   DAS ELFTE GEBOT

Es gibt keine Freiheit ohne Verantwortung und ohne die Gefahr, Schuld auf sich zu laden – man braucht kein Christ zu sein, um diesen Zusammenhang nachvollziehbar zu finden. Man braucht eigentlich nur die Zeitung aufzuschlagen und, wie ich dieser Tage, den Artikel über einen Manager darin zu finden, der eine beträchtliche Abfindungssumme eingestrichen hatte, obwohl er sein Unternehmen gar nicht verlassen hatte.

Was war geschehen? Seine Firma war, nachdem sie die Abfindungssumme gezahlt hatte, in Verlegenheit geraten, hatte den Führungsposten doch nicht wie geplant besetzen können und besagtem Manager entgegen der ursprünglichen Abmachung die Leitung angeboten. Der war darauf eingegangen. Er war bei der alten Firma geblieben, ohne darin allerdings einen Grund zu sehen, die Abfindung zurückzuzahlen. Alles sei mit rechten Dingen zugegangen, ließ er in diesem Artikel verlauten, das Geld – immerhin eine Summe in Millionenhöhe – sei längst vereinbart gewesen und stehe ihm mithin zu. Das war offenbar selbst für dieses Unternehmen etwas Neues, in dem die Manager in der Vergangenheit alle paar Jahre gewechselt hatten, wobei jedes Mal ordentliche Abfindungen fällig geworden waren.

Natürlich kann man so viel Selbstherrlichkeit empörend finden, und ich tue das auch. Ich teile auch die Verärgerung all jener, die Anstoß an dem Verhalten der Herren Esser, Ackermann und Co. nehmen. Und ich würde nicht einmal zögern, von einem Verfall der Sitten zu sprechen, denn die Fälle schamloser persönlicher Bereicherung häufen sich ja mittlerweile: VW, Mercedes, BMW, Mannesmann, Infineon – in mancher Chefetage scheint tatsächlich die reine Selbstbedienungsmentalität zu herrschen. Verlässt ein Manager seine Firma, plündert er nochmal schnell das Unternehmen aus. Andere gründen Scheinfirmen und wirtschaften in die eigene Tasche – oder fliegen, wie etliche Betriebsräte von Volkswagen, mal eben auf Firmenkosten nach Prag, schicken dort ihre Ehefrauen zum Einkaufen und machen sich selbst mit exotischeren Schönheiten an die Triebabfuhr. Ich finde das erbärmlich.

Dabei ist es nicht einmal so, dass ich diesen Leuten das bisschen Orgasmus missgönne. Ich bin auch nicht dagegen, dass Manager ordentlich bezahlt werden – es hat mich stets gewundert, weshalb hohe Managergehälter dermaßen erbost kommentiert werden, während die saftigen Einkommen von Fußballspielern oder Popstars keinerlei Unmut auslösen. Aber was ich beängstigend finde, das ist der Mangel an Selbstachtung, den diese Schnäppchenjäger von Format an den Tag legen. Gibt es eigentlich nichts mehr, was diese Leute noch unter ihrer Würde finden? Wissen diese Herrschaften nicht mehr, dass man sich für bestimmte Schurkereien einfach zu schade sein sollte? Haben sie kein Gefühl für Anstand mehr? Und verstehen sie *das* unter Glück – alle Tage Love Parade und Absahnen und Mitnehmen, so viel man kriegen kann? Ich kann nachempfinden, wenn mancher solche Leute hinter Gittern sehen möchte. Aber – machen wir uns nichts vor: Diese kleinen und großen Gauner, diese Betrüger und Schröpfer sind keine Monster. Sie haben sich auch nicht aus irgendeinem Reich des Bösen in unsere Mitte verirrt. Sie sind Produkte unserer Gesellschaft. Einer Gesellschaft, die im Begriff steht, mit der eigenen Schuldfähigkeit auch das persönliche Gewissen aus der Welt zu schaffen.

Der Empörung über die Gier von Managern scheint mir jedenfalls eine ordentliche Portion moralischer Selbstgefälligkeit beigemischt zu sein. Reden wir anderen denn noch viel vom

ABTPRIMAS NOTKER WOLF

Gewissen? Hat es für uns denn noch eine Bedeutung? Oder ist es nicht vielmehr so, dass sich das persönliche Gewissen in den letzten Jahrzehnten nach und nach aufgelöst und in eine Art soziales Gewissen verwandelt hat – und von dem Bewusstsein, für die eigenen Handlungen Rechenschaft ablegen zu müssen, nur eine vage Empfindlichkeit für gesellschaftliche Zustände übrig geblieben ist? Der Verfall der Sitten auf den Chefetagen spiegelt wohl eher im vergrößerten Maßstab eine allgemeine Mentalität der Schamlosigkeit, deren Wurzeln tief in den Achtundsechziger-Humus hineinreichen.

Auf die Scham hatten es die Achtundsechziger ja besonders abgesehen. Als Produkt der bürgerlichen Triebunterdrückung war sie gewissermaßen vom Teufel und hatte in der schönen, neuen Welt der Befreiten nichts mehr verloren. Ja, die Befreiung von der Scham galt geradezu als die Befreiung schlechthin. Und in gewisser Weise stimmt das auch. Denn nur, wer alle Hemmungen überwindet und alle Schamgrenzen überschreitet, kann sich voll und ganz als Herr seiner selbst fühlen. Es verschafft ein unüberbietbares Gefühl von Souveränität, im Bereich des Anstands die Regeln selbst zu bestimmen oder völlig außer Kraft zu setzen. Die Scham bindet den Menschen ja an Grundnormen, und nichts ist lustvoller, als Grundnormen zu überschreiten, nichts versetzt einen leichter in den Rausch der eigenen Machtfülle. Nichts rächt sich allerdings auch schlimmer. Denn in der Scham bestimmt der Mensch seine Grenzen, definiert er gewissermaßen seinen eigenen heiligen Bezirk. Sie ist im Grunde ein Zeichen des Respekts vor sich selbst. Wer diesen Respekt verliert, der ist zu allem fähig, für den gilt nur noch das elfte Gebot: Du sollst dich nicht erwischen lassen.

Wo das Gewissen versagt, breitet sich Selbstherrlichkeit aus – nicht nur bei Managern. Ich möchte deshalb an etwas erinnern, das in der Rechnung der Achtundsechziger genauso wenig vorkam wie die Schuld: an die Verführbarkeit des Menschen. Vielleicht sollten wir etwas bescheidener von uns denken. Wir sind nun einmal nicht besonders willensstark. Wir sind verführbar. Werbeleute wissen das. Die machen sich keine Illusionen über die Schwächen unserer Natur, die können ein Lied davon singen. Es wird eben niemand als Held geboren. Niemand kommt mit natürlichen Abwehrkräften gegen die Verlockungen der Korruption zur Welt. Jeder bleibt sein Leben lang anfällig für die Versuchung, aus Machtgier oder Habsucht Grenzen zu überschreiten. Und wie leicht werden wir süchtig. Egal ob Drogen, Sex, Computerspiele oder schlechte Gewohnheiten, alles kann in Abhängigkeit führen. Deshalb ist es ein Zeichen von Selbstüberschätzung, wenn wir Hemmungen grundsätzlich abbauen zu müssen meinen, wenn wir Schamgrenzen prinzipiell für überflüssig halten, wenn wir Schamgefühle automatisch mit Verklemmtheit in Verbindung bringen. Aus meiner Sicht handelt es sich dabei jedenfalls viel eher um die Regungen eines intakten Gewissens, das Menschen ungeachtet ihrer Schwäche und Verführbarkeit zur Freiheit befähigt.

Im Grunde verträgt sich das moralische Versagen gieriger Wirtschaftsbosse bestens mit der Freiheitsvorstellung der Achtundsechziger. Denn diese Freiheit ist nirgendwo verankert, sie hat keinen Halt, weder im Verantwortungsbewusstsein noch im Gewissen noch in der Scham. Man kann sagen, dass es letztlich alle kulturellen Voraussetzungen der Freiheit waren, die die Achtundsechziger so erfolgreich bekämpft haben. Ihr Ziel war die bedingungslose Freiheit, oder anders gesagt, die uneingeschränkte Willensfreiheit, die erst da an ihre Grenzen stößt, wo der Staat ihr durch Gesetze Einhalt gebietet. Und diese Freiheit hat mit Selbstbestimmung nichts zu tun. Die geht aufs Ganze. Die kennt nichts. Ein schönes Symbol für den Triumph der Willensfreiheit über die Selbstbestimmung ist das

Victory-Zeichen des strahlenden Herrn Ackermann beim Verlassen des Gerichtssaals.

Selbstbestimmung und Willensfreiheit sind ja zweierlei. Die Willensfreiheit gehört zur Grundausstattung des Menschen; die Selbstbestimmung versetzt ihn in die Lage, innerhalb einer Gemeinschaft einen sinnvollen Gebrauch von seiner Willensfreiheit zu machen, also weder anderen noch sich selbst zu schaden. Im Kalkül der Achtundsechziger aber war beides ein und dasselbe. Warum auch einen Unterschied machen, wenn der Mensch sowieso von Haus aus gut, also im Prinzip harmlos ist, und umso harmloser, je leichter es ihm gemacht wird, seinen Willen durchzusetzen? Da bedurfte es gar keiner gesellschaftlichen Spielregeln, um ihn an den Freiheitsanspruch der anderen zu erinnern, da waren auch alle kulturellen Voraussetzungen entbehrlich, die ihn zur Selbstbeherrschung befähigen. Nur ausleben musste er sich dürfen, der neue Mensch, nur seinen Willen musste er bekommen – sozialverträglich würde er dann schon ganz von allein. Bewahrheitet hat sich das zwar nicht. Die Gesellschaft hat aber trotzdem davon profitiert, weil Menschen, die das Gebot der Selbstbeherrschung als Angriff auf ihre Freiheit empfinden, tolle Kunden sind.

Es ist ein schönes Beispiel dafür, wie Ideologen sich verrechnen können, dass ausgerechnet der verhasste Kapitalismus vom Freiheitsbegriff der Achtundsechziger profitiert hat. Die Werbung hat sich diese Chance nämlich nicht entgehen lassen. Wenn nicht mehr zwischen Selbstbestimmung und Willensfreiheit unterschieden wird, kann sie erfolgreich suggerieren, dass jede Art von Wunscherfüllung ein Ausdruck individueller Selbstbestimmung sei, dass jeder, der etwas kauft, in den Genuss seiner Freiheit komme, sobald er das Portemonnaie zückt. Für Menschen, die mit dem Ideal der uneingeschränkten Willensfreiheit aufgewachsen sind, klingt das plausibel, und überhaupt: Leichter als an der Ladenkasse kommt man nirgendwo zu seinem Freiheitserlebnis. Kein Wunder, dass es in der Werbung von Freiheitsversprechen nur so wimmelt. Der Philosoph Peter Sloterdijk hat die Schützenhilfe der deutschen Kulturrevolutionäre für die Wirtschaft in dem Satz zusammengefasst: «Alle Wege der Achtundsechziger führen in den Supermarkt.» Beziehungsweise an die Firmenkasse, müsste man ergänzen.

Ich sehe in der Verwechslung von Selbstbestimmung und Willensfreiheit allerdings eine Gefahr, die weit über die Versuchungen hinausgeht, denen konsumsüchtige Teenager oder abfindungsversessene Manager erliegen können. Die menschliche Freiheit, die in der Willensfreiheit zum Ausdruck kommt, ist nämlich nichts Harmloses, aus dem einfachen Grund, weil der Mensch selbst nicht harmlos ist. Hier liegt meines Erachtens einer der entscheidenden Fehler, der den Achtundsechzigern unterlaufen ist. Ich will damit nicht sagen, dass der Mensch von Grund auf böse ist. Aber er ist verführbar, er ist schwach, er ist anfällig für das Böse, und deshalb ist auch seine Freiheit nichts Harmloses, nichts, was lediglich den Lebensgenuss erhöht. In Wirklichkeit ist sie sogar etwas Ungeheuerliches. Zur Freiheit gehört nämlich die Möglichkeit des Versagens – auch des Versagens im allergrößten Maßstab.

Die ganze Ungeheuerlichkeit der Freiheit zeigt sich für mich darin, dass Auschwitz möglich ist, dass es in unserer Macht liegt, unsere Freiheit auf das schändlichste zu missbrauchen. Wenn wir uns klarmachen, welche Folgen unsere Freiheit haben kann, dann brauchen wir uns erst gar nicht auf theologische Spekulationen einzulassen, wie ich sie manchmal zu hören bekomme, wenn es heißt, nach Auschwitz könne man nicht mehr an einen guten, an einen liebenden Gott glauben – der christliche Gott habe in Auschwitz seine Glaubwürdigkeit ein für alle Mal verspielt. Nein, nicht Gott hat dort ein Unheil zugelassen, das er eigentlich hätte verhindern müssen, der Mensch hat hier vollkommen versagt. Hätte

ABTPRIMAS NOTKER WOLF

Gott den Schlächtern in den Arm fallen sollen? Sind wir nicht sonst so stolz auf unsere Freiheit? Soll Gott immer dann eingreifen, wenn wir seine Gebote in den Wind schlagen? Gott übernimmt nicht die Verantwortung, wenn wir Menschen von Verantwortung und Schuld nichts mehr wissen wollen – da müsste er ständig dazwischengehen und die Regie auf Erden übernehmen. Auch im Bösen, ja gerade dort zeigt sich, wie weit die menschliche Freiheit reicht. Gott lässt uns immer unsere Freiheit. Wenn wir uns selbst vergessen, dann trifft auch uns die Schuld. Deshalb kann ich auch nach Auschwitz noch an Gott glauben, weil ich an die Freiheit des Menschen glaube und an die Möglichkeit, den rücksichtslosesten Gebrauch von ihr zu machen.

Freiheit ist immer ein Wagnis. Machen wir es uns also nicht zu leicht. Die Willensfreiheit allein befähigt noch nicht zur Selbstbestimmung. Die Selbstbestimmung ist an die Bereitschaft zu Verantwortung und Selbstbeherrschung geknüpft, und die wird keinem in die Wiege gelegt, die ist von ganz bestimmten kulturellen Voraussetzungen abhängig. In Europa zählen zu diesen Voraussetzungen die Traditionen des Christentums und der Aufklärung – beide haben unsere Vorstellung von Freiheit geprägt, und beide haben dazu geführt, dass der Selbstbestimmung in unserer Kultur eine größere Bedeutung zukommt als in jeder anderen.

Den Anstoß dazu hat das christliche Denken gegeben, das von Anfang an von einem persönlichen Gewissen und der Einzigartigkeit jedes Menschen ausgegangen ist – unter dem Einfluss dieses christlichen Grundgedankens hat sich die Vorstellung vom Wert des einzelnen Menschen, von seiner Individualität und seiner Menschenwürde allmählich herausgebildet. Es war der christliche Philosoph Boethius, ein Zeitgenosse des heiligen Benedikt, der die menschliche Individualität als Person definiert hat, ausgestattet mit Freiheit und Verantwortung vor Gott und dem Guten. Die Aufklärung hat die Freiheit dann auf der Skala unserer Werte an die erste Stelle gesetzt. Seither lagern sich alle anderen Werte, an denen wir uns im öffentlichen wie im privaten Leben orientieren – Gleichheit, Gerechtigkeit oder Frieden etwa –, gewissermaßen um die Freiheit herum, zielen auf sie ab und beziehen ihre Bedeutung durch sie. Wenn die Rechtsprechung eines Staates nicht die Freiheit aller zum Ziel hätte, wäre sie bloß Willkür. Auch die Gleichheit würde sich da, wo sie mehr schaffen soll als die Voraussetzung für Freiheit, umgehend in ein Mittel der Unterdrückung verwandeln. Und der Frieden schlägt in Friedhofsruhe um, sobald er auf Kosten der Freiheit geht. Schließlich meine ich auch, dass für das Lebensglück und das Selbstbewusstsein des Einzelnen kein Wert entscheidender ist als die Freiheit.

Wie zerbrechlich diese Freiheit ist, das hat sich vor allem in unserer eigenen Geschichte gezeigt. Aber erst heute, wo wir die Folgeschäden von 68 einschätzen können, erkennen wir, dass auch die kulturellen Fundamente dieser Freiheit wegbrechen können – und wir erleben, dass ohne Gewissen und Vernunft von unserer Freiheit nur noch die Narrenfreiheit übrig bleibt.

Ich wollte den Weg in die Sackgasse zurückverfolgen, in der wir uns befinden, um hinter die Gründe für unsere Mutlosigkeit zu kommen, für den Pessimismus und die lähmenden Selbstzweifel, die uns befallen haben. Ich glaube, dass wir die Hälfte dieses Wegs jetzt überblicken können, nachdem klar geworden ist, dass der Mythos von 68 seine ungebrochene Kraft nicht aus dem Versprechen größerer Freiheit bezieht, sondern aus der Verheißung kindlicher Unschuld. Dass wir uns dem romantischen Projekt der Achtundsechziger also weniger aus Freiheitsliebe angeschlossen haben als in der Hoffnung, nach dem Desaster der Hitlerzeit den Glauben an uns selbst zurückzugewinnen. Und ich verstehe sehr gut, dass es zu-

ABTPRIMAS NOTKER WOLF

nächst befreiend wirken musste, den Sündenbock gefunden zu haben und der Gesellschaft mit ihren Traditionen, mit ihrer ganzen christlich-bürgerlichen Kultur die Schuld aufbürden zu dürfen, um für sich selbst die Freiheit und nichts als die Freiheit reklamieren zu können.

Inzwischen ist offenkundig geworden, dass wir uns falsche Hoffnungen gemacht haben. Die verheißene Unschuld hat mit Freiheit nichts zu tun. Sie ist das Gegenteil von Selbstbestimmung. Man darf sich nicht viel mehr davon versprechen als den unerschütterlichen Glauben an die Harmlosigkeit der eigenen Freiheit und an die Bedrohlichkeit der Freiheit aller anderen. Für das Selbstbewusstsein, das Vertrauen auf die eigene Kraft, den Glauben an den Nutzen einer gemeinsamen Anstrengung gibt die Lösung der Achtundsechziger nichts her. Sie schürt nur das Misstrauen gegenüber der Gesellschaft und verleitet dazu, vom Staat umso mehr zu erwarten, je höher sich die Probleme türmen. Deshalb klammert sich die vaterlose Gesellschaft an Vater Staat – und nicht einmal unsere Regierungspolitiker können das verhindern.

■ 10 ■ RETTET DIE ACHTUNDSECHZIGER!

Eigentlich müsste uns der Blick nach Berlin ernüchtern. In den letzten Jahren haben wir erlebt, wie Autorität und Vertrauenswürdigkeit in der Politik mit einer Leichtfertigkeit verspielt worden sind, die in der Geschichte der Bundesrepublik einzigartig ist. Dem Volk die Wahrheit unter allen Umständen vorenthalten und ihm das Maul mit Liebesperlen stopfen, um wiedergewählt zu werden, das gehört mittlerweile zur Geschäftsgrundlage der deutschen Politik. Kein Politiker der jüngeren Vergangenheit hat das besser verstanden als der letzte Bundeskanzler Gerhard Schröder, weshalb er gar nicht erst darauf gesetzt hat, dass man ihm vertraut, sondern darauf vertraut hat, dass man ihm seine Taschenspielertricks als Gewieftheit durchgehen lässt. In der Person Schröders verschwammen Chuzpe und Jovialität zum Bild eines Politikertyps, der auf Vertrauen gut verzichten konnte, weil er hoch über dem Spielfeld und allen anderen Akteuren zu schweben meinte.

Bei Schröder gesellte sich zur Volksverachtung eine Verachtung des Parlaments, die ausgerechnet in der Vertrauensfrage, mit der er das Ende der rot-grünen Regierung herbeiführen wollte, unverhohlen zutage trat. Da wünschte sich ein Bundeskanzler, dass ihm als Vertrauensbeweis das Misstrauen ausgesprochen wird. Was wollte er damit beweisen? Dass seine Partei ihm trotzdem vertraut? Oder dass sie ihm im Grunde doch nicht vertraut? Oder dass beides auf ein und dasselbe hinausläuft? Handelte es sich hier vielleicht um eine indirekte Aufforderung ans Volk, es den Abgeordneten der Regierungskoalition gleichzutun und denen zu vertrauen, denen sie misstrauen – oder umgekehrt? Weil es doch schon ganz gleichgültig geworden ist, ob wir unseren Politikern nun

ABTPRIMAS NOTKER WOLF

Vertrauen oder Misstrauen entgegenbringen und was wir von ihnen halten?

Wie dem auch sei, Schröder hat sich an jenem Tag jedenfalls als Chef eines Marionettentheaters bestens bewährt. Die Opposition hat nicht seinen Rücktritt gefordert und nicht den Bundestag unter Protest verlassen, und Bundespräsident Köhler hat nicht den schwarzen Peter an Schröder zurückgegeben und nicht gesagt: «Entweder ist dieses Land regierbar, dann machen Sie weiter. Oder es ist nicht regierbar, dann treten Sie zurück.» Nein, nichts dergleichen ist geschehen. Stattdessen Theater. Missachtung der demokratischen Spielregeln, Missachtung des Gemeinwohls und Selbstentmündigung des Parlaments zum taktischen Vorteil der Parteien. Und dann, nach verlorener Wahl, ruft sich Schröder zum Sieger aus – ein Erwählter, wenn schon kein Gewählter. In der Folge wirres Durcheinander, Postenschacher und das Gerangel selbstherrlicher Politstrategen, denen nichts an diesem Land, diesem Volk, diesem Staat zu liegen scheint.

Kurz: Jeder weiß, dass getäuscht und betrogen wird, und jeder akzeptiert, dass die Lüge zum politischen Spiel gehört. In einer Politikerrunde habe ich einmal den Vorschlag gemacht, mit dem Slogan «Wählt uns, wir betrügen euch nicht!» in den nächsten Wahlkampf zu ziehen. Als Antwort habe ich betrübtes Kopfschütteln und betretenes Schweigen geerntet. Ein Mutiger sagte: «Das würde uns sowieso niemand glauben.» Zum Eingeständnis der eigenen Vertrauensunwürdigkeit reichte die Ehrlichkeit immerhin. Vertrauen kann man eben nicht erzwingen. Vertrauen wird geschenkt und, falls enttäuscht, entzogen. Das einzige Mittel, verlorenes Vertrauen zurückzugewinnen, besteht darin, reinen Wein einzuschenken, doch dieses Mittel scheidet aus. Reinen Wein einschenken, das ist ein Albtraum für Politiker, die für ihr eigenes Volk nicht weniger Misstrauen übrig haben als dieses Volk für sie. Die einen fühlen sich ständig hinters Licht geführt, die anderen gehen grundsätzlich davon aus, dass das Volk die Wahrheit nicht verträgt und belogen werden will.

Das Beunruhigendste daran ist, dass unsere Politiker Recht haben könnten. Sicher beweisen sie einen beschämenden Mangel an Mut. Aber – vertragen wir denn die Wahrheit? Oder ist es nicht vielmehr so, dass viele von uns immer noch unerfüllbare Erwartungen an die Politik haben, weil sie an dem Traum von einem Staat festhalten, der die Bürger unter seine Fittiche nimmt und am besten weiß, was ihnen frommt? Mit anderen Worten: Spiegelt die Mutlosigkeit unserer Politiker nicht die Unbeirrbarkeit, mit der sich ein Großteil der Deutschen an eine alte Illusion klammert, nämlich die Illusion vom moralischen Staat als dem guten Gewissen der Nation?

Ich glaube jedenfalls, dass der Fürsorgestaat seinen Bankrott bisher deshalb überlebt hat, weil er längst zu unserem nationalen Selbstverständnis gehört. Zu unserer moralischen Identität. Der deutsche Staat als verlängerter Arm des Weltgewissens – wir haben uns so an diese Vorstellung gewöhnt, dass das Vernünftige, das Zweckmäßige, das finanziell Machbare zweitrangig geworden ist gegenüber dem, was moralisch wünschenswert wäre. Alles von einiger Tragweite muss in der deutschen Politik eine moralische Dimension haben, und oft reicht das moralische Motiv zur Begründung eines politischen Manövers völlig aus. Ich erinnere nur an den ersten Auslandseinsatz der Bundeswehr in Bosnien, als Außenminister Fischer die Abkehr vom deutschen Pazifismus, der auch schon moralisch begründet war, mit dem moralischen Argument rechtfertigte, in Bosnien gehe es um die Verhinderung eines neuen Holocausts – anstatt uns zu erklären, weshalb es aus politischen Gründen ratsam erscheint, den Serben das Handwerk zu legen. Oder an die Ächtung Österreichs durch die Europäische Union, zu deren Fürsprechern sich Kanzler Schröder

ABTPRIMAS NOTKER WOLF

und sein Außenminister gemacht hatten. Die europäischen Werte seien in Gefahr, hieß es damals, nachdem die Österreichische Volkspartei im Jahr 1999 eine Koalition mit Jörg Haiders Freiheitlicher Partei Österreichs eingegangen war – als ob die Regierungsbeteiligung einer missliebigen, aber immerhin demokratischen Partei eine größere Katastrophe wäre als der völlige Mangel an Respekt vor der Freiheit eines kleinen Landes. Auch das Desaster der Rechtschreibreform darf in dieser Aufzählung nicht fehlen. Der einzige Zweck dieser Reform bestand darin, Einwanderer- und Unterschichtkindern den Schulerfolg zu erleichtern. Die deutsche Sprache war lediglich das Mittel zu diesem Zweck. Die Reformer hatten freie Hand, die innere Ordnung der Sprache den großen Idealen der Chancengleichheit und der sozialen Gerechtigkeit zu opfern. Und die Politiker nahmen billigend in Kauf, dass Denken und Verständnis in Mitleidenschaft gezogen werden, wenn die Schriftsprache an Differenzierungsmöglichkeiten einbüßt. Zu dem hanebüchenen Verdummungseffekt der Rechtschreibreform kam noch die Kaltschnäuzigkeit, mit der das Volk vor vollendete Tatsachen gestellt wurde.

Der unaufhaltsame Ausbau des deutschen Sozialstaats aber ist für mich das beste Beispiel dafür, wie man sich aus Gerechtigkeitsfanatismus sein eigenes Gefängnis bauen kann. Im Jahr 2004 gab der deutsche Staat sage und schreibe 86 Prozent seiner Steuereinnahmen für Zinsen und Soziales aus. Vor fünfzehn Jahren waren es noch gut 50 Prozent gewesen. Setzt sich der rasante Anstieg der Sozialausgaben so fort, wird der Finanzminister bald seine gesamten Steuereinnahmen allein für diese beiden Haushaltsposten hinblättern müssen. Unser Sozialstaat ist ein Fass ohne Boden. Man sollte meinen, dass diese Zahlen jeden aus seinen Träumen reißen müssten. Doch was immer geschieht, um Abhilfe zu schaffen – weiterhin wird als Erstes das Klagelied der sozialen Ungerechtigkeit angestimmt.

Ich glaube, dass wir es hier mit einer folgenschweren Verwechslung zu tun haben, nämlich mit einer Verwechslung dessen, was Sache des Staates und was Sache der Gesellschaft ist. Der Irrtum besteht darin, den humanen Staat anstelle der humanen Gesellschaft anzustreben. Damit ist jeder Staat überfordert. Kein Staat der Welt kann die Verantwortung für eine Gesellschaft übernehmen, die von Verantwortung selber nichts wissen will. Er darf es auch nicht. Denn unter dem Zwang, fortwährend ihre moralische Kompetenz unter Beweis stellen zu müssen, sind Politiker nicht mehr frei, sich für das Notwendige oder Zweckmäßige zu entscheiden. Versuchen sie es trotzdem, setzen sie sich dem Verdacht der Menschenverachtung aus, der mit Vorliebe in den Vorwurf der «sozialen Kälte» gekleidet wird. Also bemühen sie sich, eine widerspenstige Wirklichkeit mit immer neuen Gesetzen so zurechtzubiegen, dass sie doch noch den Idealen von Gleichheit und sozialer Gerechtigkeit entspricht. Funktioniert auch das nicht, ignorieren sie lieber die Wirklichkeit. Kein Wunder, dass unsere Politiker genauso geübt darin sind, selbst die Augen vor der Wirklichkeit zu verschließen, wie, ihrem Volk die Wahrheit vorzuenthalten.

Realismus zählt schon lange nicht mehr zu den Voraussetzungen, unter denen bei uns Politik gemacht wird. Doch wenn wir ehrlich sind, müssen wir zugeben, dass nicht allein die Politiker schuld daran sind. Alle, die sich den deutschen Staat als Beglückungsanstalt und moralischen Akteur auf der Weltbühne wünschen, haben dazu beigetragen. Offenbar handelt es sich dabei um ein Vermächtnis, das Ostdeutsche wie Westdeutsche eint – trotz der unterschiedlichen politischen Erfahrungen, die sie nach dem Krieg gesammelt haben. Bleibt die Frage, warum dieses Vermächtnis unantastbar ist.

Was den Osten unseres Landes angeht, liegt die Erklärung auf der Hand. Vierzig Jahre Sozialismus wirken nach, und mancher, der mit dem politischen System der DDR durchaus nicht einverstanden war, wird an den Gerechtigkeitsvorstellungen des Sozialismus trotzdem festhalten wollen. Was die alte Bundesrepublik angeht, ist die Erklärung nicht ganz so einfach. Immerhin blickte man hier in den ersten Jahrzehnten nach dem Krieg doch ziemlich verächtlich auf das kommunistische Lager und den Versuch, in der DDR die Gleichheit statt der Freiheit zu verwirklichen. Das änderte sich erst nach 68. Von nun an wurde Politik zur moralischen Bewährungsprobe, der Staat zum Aushängeschild des geläuterten Deutschlands, und jeder Politiker – gleichgültig, welcher Partei – ging fortan die Verpflichtung ein, Politik auf der Grundlage moralischer Prinzipien zu betreiben. Es war die einzige moralische Verpflichtung im Programm der Achtundsechziger, doch umso mehr hing davon ab. Nicht nur, dass der Staat damit zum Wächter über eine Gesellschaft bestimmt wurde, die sich von nun an ungeahnte Freiheiten nehmen durfte. Untrennbar war und ist mit dieser Verpflichtung auch die Verheißung der endgültigen Befreiung von Schuld und Scham verbunden. Der moralisch aufgeladene Staat ist mithin das unverzichtbare Gegenstück zur individualistischen, antiautoritären Freiheitsidee der Achtundsechziger und obendrein der Garant unserer nationalen Unschuld, die Verkörperung unserer Sehnsucht nach moralischer Unanfechtbarkeit.

Unter solchen Bedingungen kann man sich in der Politik nicht einfach zur Vernunft durchringen. Gegenüber derartig hochgesteckten Erwartungen wirken die Forderungen der Vernunft fast beleidigend banal. Wer am deutschen Betreuungsstaat etwas ändern will, muss also wissen: Der Mythos von 68 steht auf dem Spiel – und nichts weniger als das seelische Gleichgewicht unserer Gesellschaft scheint davon abzuhängen, dass dieser Mythos unbeschädigt bleibt. Ich glaube also nicht, dass wir Deutschen egoistischer oder uneinsichtiger wären als andere oder dass jeder von uns seine Privilegien noch rücksichtsloser verteidigen würde, als unsere europäischen Nachbarn das tun. Ich glaube vielmehr, dass wir in der beständigen Sorge leben, mit jeder Änderung des gegenwärtigen Zustands, mit jeder unumgänglichen Reform den Rückfall in einen Zustand der Schande und Unerlöstheit zu riskieren. Wenn wir in der Politik zur Vernunft zurückkehren würden, bestände die Gefahr, dass Deutschland seine glorreich errungene Unschuld wieder verlieren – und zu einem ganz normalen Staat werden könnte. Mit anderen Worten: Wir würden vor uns selbst nicht mehr als die moralischen Sieger dastehen, als die wir uns nach 68 vorkommen durften. Und dieses Risiko erscheint wohl manchem unzumutbar. Dann lieber scheitern, aber mit reinem Gewissen.

Und jetzt können wir auch die zweite Hälfte unseres Wegs in die Sackgasse überblicken. Zu dem Irrtum, Unschuld mit Freiheit zu verwechseln, kommt die Furcht, unsere moralische Überlegenheit einzubüßen. Es ist eine lähmende Furcht. Es ist die Furcht von Menschen, die sich nicht überwinden können, ihre Ideale als Illusionen zu durchschauen, weil sie sich im selben Moment wie Verräter vorkämen. Deshalb sind die heiligen Kühe bei uns noch heiliger als anderswo. Deshalb tun wir uns mit Reformen so viel schwerer als andere Länder. Und deshalb geht auch das Warten weiter. Das Herumstehen im Wartesaal Deutschland, der gefüllt ist mit Menschen, die um ihre heiligen Kühe bangen. Die lieber ihre Unschuld als ihre Haut retten. Die sich als Opfer der Verhältnisse zumindest nicht vorzuwerfen brauchen, Kompromisse eingegangen zu sein.

Noch hat der Mythos von 68 seine prägende Kraft nicht verloren, noch wirkt er weiter. Und ich bestreite gar nicht, dass sie verführerisch war, diese Aussicht auf eine Wiedergeburt des deutschen Volks in Unschuld. Aber das war nicht die Lösung. Es war der Holzweg, auf dem wir in die Sackgasse

ABTPRIMAS NOTKER WOLF

geraten sind. Es war nichts als ein Versuch der Vergangenheitsbewältigung, der die Zukunft gänzlich außer Acht ließ. Und letztlich war es Selbstbetrug. Selbstbetrug in dem Bemühen, sich um die einzig vernünftige Schlussfolgerung aus dem Desaster der Hitlerzeit zu drücken, nämlich dass es auf jeden Einzelnen ankommt, wenn dergleichen sich nicht wiederholen soll. Und dass wir deshalb gut daran tun, uns selbst mit einem geschärften Gewissen, mit Verantwortungsgefühl und Menschlichkeit zu wappnen und unseren eigenen Beitrag zu einer humanen Gesellschaft zu leisten, statt wieder einmal alle Hoffnung auf den Staat und sein Personal zu setzen. Diese Lösung wäre unbequemer gewesen, aber ehrlicher und erfolgversprechender.

Es reicht eben nicht, als moralischer Sieger dazustehen. Damit kann man sich über jede Niederlage hinwegtrösten und alles beim Alten lassen. Moralische Sieger sind gegen Erfahrung resistent, sie werden niemals klüger, sie sind damit zufrieden, immer neue Gründe zur Empörung zu finden. Das haben wir lange genug gemacht. Warum setzen wir uns nicht endlich wieder den Anforderungen des wirklichen Lebens aus, wirken in unserem Umfeld, stärken unsere moralische Selbstachtung – und entzaubern die Achtundsechziger? Wir haben viel zu gewinnen, wenn wir diesen Teil unserer Geschichte nicht mehr als heroischen Gründungsmythos verstehen, der von der exemplarischen Läuterung eines ganzen Volkes erzählt, sondern als ständige Aufforderung, seine persönliche Freiheit zu verteidigen. So entschieden ich also dafür plädiere, uns vom Mythos von 68 zu verabschieden, so sehr bin ich dafür, all dem wieder Geltung zu verschaffen, was am Anliegen der Achtundsechziger berechtigt und sinnvoll gewesen ist.

Die kritische Wachsamkeit gegenüber Staat und Gesellschaft zum Beispiel ist ein großartiges Erbe der Achtundsechziger. Diese Wachsamkeit müsste uns misstrauisch machen gegen einen Staat, der sich die moralische Vormundschaft über uns anmaßt und es für seine Pflicht hält, die Gesellschaft zu zähmen, die Kräfte des Einzelnen zu bändigen und jeden in die Schranken zu weisen. Sie könnte uns immun machen gegen die Verlockungen einer übertriebenen Fürsorgepolitik, die das Volk mit Geschenken ruhig stellt und dabei einen Schuldenberg aufhäuft, der künftige Generationen unter sich begraben wird. Sie könnte uns auch vor dem Untertanengeist bewahren, der sich überall dort zeigt, wo Menschen ihre Rechte von allen Seiten bedroht sehen und sich nicht anders zu helfen wissen, als nach dem Staat, der Polizei, dem Gesetzgeber oder dem Richter zu rufen.

Er muss wach bleiben, dieser Geist der Rebellion gegen die Bevormundung durch Institutionen, dieser Widerwille gegen Autoritäten, die sich in unser Leben einmischen. Lass dich nicht in der Masse mittreiben, lass dir dein Glück nicht vorschreiben, verteidige deine persönliche Freiheit! Das ist für mich die Lehre von 68. Vielleicht erstaunt es manchen, wenn ich sage, dass dies für mich auch die Lehre unseres Ordensgründers ist. Klöster gelten ja im Allgemeinen nicht als Bollwerke der Freiheit, aber Benedikt hat sie von Anfang an dazu bestimmt. Im nächsten Kapitel möchte ich deshalb an eine Freiheitsvorstellung erinnern, die das europäische Denken von den ersten Augenblicken der abendländischen Geschichte an geprägt hat, weil sie realistisch, menschengerecht und visionär ist.

ABTPRIMAS NOTKER WOLF

■ 11 ■ WER SICH UM MEINETWILLEN VERLIERT

Es amüsiert mich jedes Mal, wenn ich in der Regel des heiligen Benedikts auf die Bestimmung stoße, dass der Mönch auf Reisen etwas Feineres als im Kloster anziehen solle. Bloß dem Kloster draußen keine Schande machen! Benedikts Gemeinschaft war schließlich keine Landkommune mit spätantiken Hippies. Als Ort für sein Experiment mit einer neuen klösterlichen Lebensform hatte Benedikt die Ruinen einer kaiserlichen Sommerresidenz in Subiaco nördlich von Rom ausgewählt – Kaiser Nero hatte dort rund fünfhundert Jahre zuvor seine Villa gehabt, weil es im Sommer in der Stadt nicht auszuhalten war –, und selbst die reichen Patrizierfamilien Roms vertrauten ihm ihre Söhne zur Erziehung an. Benedikt war alles andere als ein Heuschrecken fressender Eremit oder ein Bürgerschreck im Zottelpelz. Gegen die schmuddeligen Wandermönche, die sich zu seiner Zeit auf den Straßen Italiens tummelten, war er regelrecht allergisch.

Benedikt hat das Mönchtum ja nicht erfunden. Da gab es den heiligen Antonius, der rund zweihundert Jahre vor ihm in Ägypten die ersten christlichen Einsiedlerkolonien gegründet hatte, und da gab es die Eremiten, deren berühmtester, der Säulenheilige Simeon, etwa zur selben Zeit riesige Pilgermassen mobilisiert hatte. Benedikt wusste, in welcher Tradition er stand. Er war ein hochgebildeter, belesener Mann, und ihn schauderte bei der Vorstellung, was sich inzwischen so alles Mönch nannte. Zwar zollte er den Eremiten Respekt, weil sie sich erst nach gründlicher Willensstärkung innerhalb einer Mönchsgemeinschaft auf das Wagnis der Einsamkeit einließen. «In der Reihe der Brüder wurden sie gut vorbereitet auf den Einzelkampf in der Wüste», schreibt er im ersten Kapitel seiner Regel. Die moralische Selbstgefälligkeit der Wandermönche hingegen war ihm suspekt: «Gesetz ist ihnen, was ihnen behagt und wonach sie verlangen. Was sie meinen und wünschen, das nennen sie heilig, was sie nicht wollen, das halten sie für unerlaubt … Besser ist es, über den erbärmlichen Lebenswandel all dieser zu schweigen als zu reden.»

Auch Benedikt wollte aus der Gesellschaft aussteigen, auch er suchte nach einer alternativen Lebensform für Menschen, deren Sehnsucht nach Erlösung und Freiheit stärker ist als der Ehrgeiz, Karriere zu machen und Erfolg zu haben. Aber er war das Gegenteil eines romantischen Schwärmers. Eine unstete Lebensweise lehnte er strikt ab, weil der Mensch dabei verwahrlost, moralisch wie intellektuell. Genauso misstraute er auch spontan aufflammender Begeisterung, weil sie stets mit Selbstüberschätzung einhergeht. Benedikt wollte Energien bündeln, er wollte ein lebensfähiges Gegenmodell zur Zivilisation seiner Zeit schaffen. Deshalb kam für ihn nur eine Gemeinschaft mit anderen Gleichgesinnten infrage, und zwar eine echte Lebensgemeinschaft, am besten in der Stärke einer Großfamilie, mit einem Abt, der dieser familiären Gemeinschaft als geistlicher Vater vorsteht. So hat er es in Subiaco dann auch gemacht, und so ist es bis heute geblieben. Das Charakteristikum einer benediktinischen Gemeinschaft ist nach wie vor, dass sie eine wirkliche Lebensgemeinschaft darstellt. Wer Benediktiner wird, der tritt also nicht in einen Orden ein, wie es bei Jesuiten oder Franziskanern der Fall ist, sondern in ein bestimmtes Kloster, er wird praktisch Mitglied einer geistlichen Familie und bleibt ihr zeitlebens zugehörig, auch wenn er in der Mission arbeitet und sich jahrzehntelang im Ausland aufhält. Mein Heimatkloster ist Sankt Ottilien, und ich weiß, dass ich jederzeit dorthin zurückkehren kann, wenn ich mich eines Tages aus der Leitung des Ordens zurückziehe.

Das Kloster als Lebensgemeinschaft – diese Idee des heiligen Benedikt ist sicherlich ein Grund dafür, weshalb unser

ABTPRIMAS NOTKER WOLF

Orden seit 1400 Jahren Bestand hat. Derzeit zählt er 25000 Mitglieder. Die lebensfähigste Einheit ist eben immer eine Art familiärer Gemeinschaft. Ein anderer Grund dafür wird der sein, dass man bei Mönchen mit einem hohen Durchhaltevermögen rechnen muss. Die lassen sich nicht leicht vereinnahmen. Im Unterschied zur Kirche ist das Mönchtum nämlich eine Bewegung und keine Institution. Für Benedikt war es das Wesensmerkmal des Mönchs, lebenslang auf der Suche zu sein. Klöster sind also Orte einer fortwährenden Suche – nach einem sinnvollen Leben und nach einem Gott, den man nie in der Tasche hat, der einen immer wieder ergreift und erschüttert und aufbricht. Das Mönchtum befindet sich sozusagen in ständiger Gärung. Im Gespräch mit Äbten und Äbtissinnen vergleiche ich das Kloster oft mit dem wandernden Volk Israel. Wie die Israeliten durch die Wüste gezogen sind, so ziehen wir durch die Zeit, und wie Mose seinerzeit sucht auch der Abt mit seinen Leuten täglich aufs Neue den Weg ins Gelobte Land. Diese Suche erzeugt eine ständige Dynamik; das Mönchtum bleibt deshalb eine Triebkraft, die innerhalb der Kirche unablässig für Erneuerung sorgt.

Mönche haben aber auch deshalb das Zeug zu Unruhestiftern, weil sie sehr weitgehende Vorstellungen von Freiheit haben. Sie sind Aussteiger, getrieben von einer Sehnsucht nach Erlösung, einer Sehnsucht nach Freiheit, einer Sehnsucht nach echter Gemeinschaft, die im täglichen Leben der Gesellschaft mit seinem Zwang zur Selbstbehauptung unerfüllbar ist. Freiheit bedeutet es ja bereits, dass im Kloster nicht Besitzgier oder gesellschaftliche Anerkennung oder schiere Lebensnotwendigkeit das eigene Handeln bestimmt. Ein Mönch muss arbeiten, das schon, aber er braucht sich keinem Wettbewerb auszusetzen, er braucht nichts zu werden, um besser zu verdienen, er braucht seine Ellenbogen nicht einzusetzen, um Karriere zu machen, er findet immer einen gedeckten

Tisch vor, wenn er ins Refektorium kommt. Viele gesellschaftliche Spielregeln gelten für ihn nicht, und ich würde sagen, dass man ein Stück jener wilden Freiheit, von der manch einer träumt, ausgerechnet an dem Ort antrifft, der von vier Mauern umgeben ist. Benediktinerabteien bieten sich für solche Aussteiger in besonderer Weise an, weil sie, anders als die Klöster der übrigen Orden, keinem konkreten weltlichen Zweck dienen. Benediktiner sind in vielen Bereichen tätig, kennen also keine feste Aufgabe; auch das Missionskloster Sankt Ottilien hat eine Schule, einen Verlag mit Druckerei, Werkstätten und eine große Landwirtschaft. In jedem Fall führen wir im Kloster ein Leben, das draußen so nicht denkbar wäre.

Viel entscheidender als die praktische Freiheit von gesellschaftlichen Zwängen aber ist die Möglichkeit der lebenslangen Selbstverwirklichung im Kloster. Die Achtundsechziger hatten ja Recht, als sie die Selbstverwirklichung auf ihre Fahnen schrieben, Selbstverwirklichung ist ein völlig berechtigtes Anliegen. Sie hatten bloß eins übersehen: Selbstverwirklichung kann immer nur innerhalb einer Gemeinschaft gelingen, unter den Voraussetzungen einer sinnvollen Ordnung. Da hatte Benedikt unseren Achtundsechzigern einiges an soziologischer Kenntnis und psychologischer Einsicht voraus. Die benediktinische Regel ist für mich jedenfalls der Inbegriff einer solchen befreienden, menschengerechten Ordnung.

Wann immer ich mich mit unserer Mönchsregel beschäftige, staune ich über den Realismus und die Menschenkenntnis dieses Mannes: Benedikt berücksichtigt ständig die Schwächen der Menschen und begegnet ihnen mit Nachsicht. Seine Klöster sollen keine Kaderschmieden für christliche Idealmenschen sein. Niemanden will er aus falsch verstandenem religiösem Perfektionismus überfordern, niemandem mit spitzfindigen Vorschriften das Leben sauer machen. Ich werde manchmal von Journalisten gefragt, wie unsere Fastenübungen aus-

ABTPRIMAS NOTKER WOLF

sehen. Das ist gar nicht leicht zu sagen, weil Benedikt keine asketischen Hochleistungen verlangt. Ein bisschen weniger essen, gegen die Fresssucht, ein bisschen weniger schlafen, gegen die Trägheit, das ist schon fast alles. Nur keine Übertreibung! Damit kein Mönch sich am Ende auf seine Fastenübungen etwas einbildet, verlangt Benedikt sogar, sie vom Abt zuvor absegnen zu lassen. Die Sorge um das rechte Maß, «die Mutter aller Tugenden», durchzieht als oberste Richtschnur seine gesamte Regel.

Im Übrigen scheint Benedikt eine ordentliche Mahlzeit für eine gute Grundlage für Spiritualität gehalten zu haben. Jedenfalls rät er, mittags grundsätzlich zwei verschiedene gekochte Gerichte aufzutischen, damit keiner gezwungen ist, etwas zu essen, das er nicht mag (worin sich möglicherweise seine Erfahrung mit gotischen Mönchen niederschlägt, deren Essgewohnheiten sich deutlich von denen der Römer unterschieden haben dürften). Und was den Weingenuss angeht, ringt er, vielleicht mit einem leisen Seufzer, ebenfalls zu einer sehr großzügigen Regelung durch: «Zwar lesen wir, Wein passe überhaupt nicht für Mönche. Aber weil sich die Mönche heutzutage davon nicht überzeugen lassen, sollten wir uns wenigstens darauf einigen, nicht bis zum Übermaß zu trinken, sondern weniger.»

Man sieht: Hier spricht kein Eiferer, kein Gutmensch, dem seine moralische Selbstgefälligkeit zu Kopf gestiegen ist, sondern jemand, dem daran liegt, dass es im Kloster menschlich zugeht. Deshalb betont seine Regel das Individuum. Der Abt müsse sich im Klaren darüber sein, schreibt Benedikt, welch schwierige Aufgabe er übernommen habe, den Eigenarten vieler gerecht zu werden, individuelle Unterschiede also wenn irgend möglich gelten zu lassen. Allerdings nur, was die Bedürfnisse angeht! Was den Wert der Person betrifft, halte es der Abt wie Gott und mache keinerlei Unterschied.

■ 11 ■   WORAUF WARTEN WIR?

Jeder im Kloster verdiene denselben Respekt, ungeachtet aller gesellschaftlichen Rangfolgen, unabhängig von Alter, Herkunft und Bildung. Priestern solle nicht mehr, Kindern nicht weniger Aufmerksamkeit als jedem anderen geschenkt werden. Die Gesellschaftsordnung der Welt gilt im Kloster eben nicht mehr, sie ist aufgehoben und ersetzt durch eine Ordnung, in der jeder gleich viel zählt, weil er vor Gott gleich viel zählt. Mit anderen Worten: Benedikts Regel stellt höchste Anforderungen an den Gerechtigkeitssinn und die Feinfühligkeit des Abts, der alles so einzurichten habe, «dass die Guten finden, was sie suchen, und die Schwachen nicht abgeschreckt werden» und davonlaufen. «Barmherzigkeit gehe ihm vor Recht», schreibt er dem Abt deshalb ins Stammbuch und rät ihm, von seinen Mönchen mehr geliebt als gefürchtet zu werden, denn «der Abt hasse die Sünde, aber er liebe die Sünder» (womit er gleichzeitig einen wunderbaren Beweis dafür liefert, dass man tolerant sein kann, ohne in Prinzipienlosigkeit zu verfallen).

Doch bei allem Verständnis – Benedikt wollte sich mit der Schwäche des Menschen nicht einfach abfinden. Er verstand sein Kloster ja als eine Gegenwelt, die jedem ihrer Bewohner die Chance eröffnet, nach dem Willen Gottes zu leben, also im Einklang mit dem Evangelium und nach der Wahrheit, die Benedikt in der Verkündigung Jesu Christi gefunden hatte. Seine Regel zielt deshalb auch – und vor allem – darauf ab, das Widerstandspotenzial seiner Mönche gegen die Verlockungen des Zeitgeistes zu aktivieren und ihnen Verhaltensweisen zur Gewohnheit zu machen, die sie aus ihrer Abhängigkeit von der Welt befreien können. Freiheit – das bedeutete für Benedikt, sich nach den Geboten des Schöpfers richten zu dürfen, nicht den Gesetzen der Schöpfung gehorchen zu müssen. In der Praxis besteht die Freiheit darin, sich immer wieder für das Gute entscheiden und ungehindert das Gute tun zu können.

ABTPRIMAS NOTKER WOLF

Im Kloster machen sich Abt und Mönche gemeinsam auf den Weg zu dieser Freiheit. Und derselben Freiheit dienen auch die Gelübde, mit denen sich jeder Benediktinermönch zu Armut, Ehelosigkeit und Gehorsam verpflichtet.

Armut, Ehelosigkeit und Gehorsam – wer sich darauf einlässt, der muss bereit sein, mit den Antriebskräften seiner Zivilisation zu brechen. Der Eintritt ins Kloster bedeutet einen radikalen Einschnitt, und natürlich werde ich oft gefragt, was der Verzicht auf Besitz, auf Sex und den eigenen Willen mit Freiheit zu tun habe, und, wie alle Mönche, genauso oft bedauert, weil uns durch diesen Verzicht so vieles entgeht. Ich antworte darauf immer: Erstens bin ich Mönch aus freier Wahl geworden. Es war meine Wahl, nicht zu heiraten. Es ist meine Wahl, auf Dinge zu verzichten, die einem vermeintlich zustehen und die man vermeintlich braucht. Ich verzichte freiwillig, weil ich durch diesen Verzicht an innerer Souveränität gewinne. Und zweitens: Die Gelübde haben eine wichtige Funktion, sie schützen nämlich davor, in kindliches Wunschdenken zurückzufallen. Sie betreffen ja genau jene drei Bereiche, in denen der Mensch am leichtesten in Abhängigkeit gerät, und wer die Gelübde einhält, ist einigermaßen sicher davor, Begehrlichkeiten zu erliegen, die ihn am besten Gebrauch seiner Freiheit hindern.

Nicht immer war mir das so klar. Heute leuchten mir die Gelübde ein, weil ich über mehr als vierzig Jahre hinweg meine Erfahrung mit ihnen gemacht habe. Aber anfangs, im Noviziat, hatte ich meine Zweifel – wobei die härteste Nuss für mich seinerzeit das Gehorsamsgelübde darstellte. Schon vor dem Wort «Gehorsam» graute mir. Dass dieser Gehorsam einem Abt gilt, der nach unserem Verständnis die Stelle Christi im Kloster vertritt, machte es nicht besser, denn selbst die Vorstellung, Gott gehorchen zu müssen, war mir nicht geheuer. Was hatte es denn mit Freiheit zu tun, seinen eigenen Willen aufzugeben? Wie konnte einer frei sein, der einem anderen Menschen Gehorsam schuldet?

Nach und nach habe ich verstanden, worum es Benedikt geht. Er will seine Mönche davor bewahren, den falschen Weg zur Selbstverwirklichung einzuschlagen. Der falsche Weg, das ist für ihn die Anmaßung, sich selbst an die Stelle Gottes zu setzen. Indem wir uns selbst suchen, sagte er, zerstören wir uns, denn je mehr wir uns auf die eigene Person konzentrieren, desto leerer und armseliger gehen wir aus dieser Suche hervor. Zur wahren Selbstverwirklichung gelangt der Mensch erst dann, wenn er bereit ist, Gott als den Mittelpunkt seines Lebens anzuerkennen. Benedikts Anliegen ist es deshalb, durch den Gehorsam wieder auf den Weg zu Gott zurückzuführen. Und dieser Gehorsam befreit tatsächlich. Er befreit von der Selbstüberschätzung, der Machtbesessenheit und dem narzisstischen Selbstbehauptungsdrang. Wer das einmal verstanden hat, der erlebt, wie alle Selbstverliebtheit von ihm abblättert. Das bedeutet nicht, dass man zum Weltverächter wird. Das führt nur dazu, dass man den Schöpfer ernster als die Schöpfung nimmt.

Das Wunderbare ist, dass der Verzicht auf Selbstbehauptung und Narzissmus einen Menschen nicht schwächer, sondern stärker macht. Nach allem, was ich erlebt habe, besteht die wahre Selbstverwirklichung deshalb nicht darin, einen Menschen ohne Leitbilder und Leitgedanken dem Leben auszusetzen, als wäre er sich selbst schon Orientierung genug, wenn er nur seinen Trieben, Wünschen und Träumen folgt. Es ist naiv, zu glauben, ein jeder könne sich aus sich selbst hervorbringen – das heißt nichts anderes, als die Selbstvergöttlichung des Menschen zu betreiben. Die wahre Selbstverwirklichung vollzieht sich, wenn wir die Paradoxie des Lebens ernst nehmen und die ängstliche Sorge um die Bedeutung unserer Person fallen lassen, ja, uns selbst aufgeben, um frei zu werden, frei in unseren Entschlüs-

ABTPRIMAS NOTKER WOLF

sen und frei in unserem Handeln. Sich zurücknehmen, auf Abstand zu sich selbst gehen, das ist echte Autonomie. Die Regel Benedikts liefert also eine Gegenstrategie zu der kulturellen Tendenz, wie wir sie derzeit in Europa beobachten. Die Evangelien fassen diese Strategie in zwei knappen Sätzen als Zitat Jesu Christi zusammen: «Wer sich selbst sucht, wird sich verlieren. Wer sich aber um meinetwillen verliert, wird sich finden.» Zu dieser Art von Selbstverwirklichung verhelfen keine psychologischen Methoden, Techniken oder Tricks. Sie ist ein Geschenk, und es wird dem zuteil, der auf jede Methode verzichtet und sich dem Willen Gottes überlässt.

Es gibt also einen Gehorsam, der nicht zahm macht, sondern stark und frei. Dieser Gehorsam ist die Grundlage der benediktinischen Freiheit. Und diese Freiheit bewährt sich im Leben, im Alltag, auch in Konflikten; sie ist nicht bloß ein schönes Gefühl innerer Unabhängigkeit. Als Erzabt von Sankt Ottilien habe ich gewusst, was ich wollte, als Abtprimas des Benediktinerordens heute weiß ich es auch. Ich habe selten klein beigegeben und mich gelegentlich auch mit Behörden und Ministern angelegt. Nie um meinetwillen, aber um der Sache willen. So wie damals, als wir eine kurdische Flüchtlingsfamilie in Sankt Ottilien aufgenommen haben.

Es war zu meiner Zeit als Erzabt. Eines Tages wurde ich gefragt, ob ich eine muslimische Familie für zwei Monate im Kloster beherbergen würde, ein kurdisches Ehepaar mit sechs Kindern, die beiden jüngsten davon in Deutschland geboren. Die ganze Familie sollte ausgewiesen werden. Das Revisionsverfahren lief noch, trotzdem hätte sie nach deutschem Recht schon vor der Urteilsverkündung das Land verlassen müssen. Was sprach dagegen, die Leute aufzunehmen – außer dem drohenden Ärger mit dem bayerischen Innenministerium? Unser Klostergelände war groß genug, und die Zeit drängte. Ich entschloss mich, dieser Familie Asyl zu gewähren.

■ 11 ■   WORAUF WARTEN WIR?

Aus den zwei Monaten wurden sechs Jahre. Die Familie lebte bei uns, die zwei Ältesten besuchten unser Gymnasium, die anderen gingen auf Schulen der Umgebung. Den bayerischen Innenminister habe ich wissen lassen: Wenn Polizei bei uns auftaucht, gibt es einen Aufstand. Rechtmäßig war das nicht, die Ausweisung war gültig. Die Polizei hielt sich trotzdem zurück, aber gegen mich wurde ein Verfahren wegen Missachtung der Gesetze eingeleitet, und beinahe hätte man sogar dem Innenminister den Prozess gemacht, weil er es unterließ, dem Gesetz Geltung zu verschaffen. Aber ich wollte nicht nachgeben, ich kannte ja die Geschichte des kurdischen Vaters. Der Mann, ein einfacher Bauer, kaum des Lesens und Schreibens mächtig, war in der Türkei mehrfach gefoltert worden, weil er sich geweigert hatte, den Militärdienst abzuleisten. Er war mit seiner Familie nach Deutschland geflohen und dort an einen Psychologen geraten, der vor Gericht aussagte, seine Angst vor einer Rückkehr in die Türkei sei nur geheuchelt. Nun gut, dieser Psychiater hatte seinen Beitrag dazu zu leisten, dass möglichst viele abgeschoben werden konnten. Ich hegte trotzdem zeitweilig unchristliche Gefühle gegen ihn. Ich habe die Angst dieses kurdischen Vaters ja tagtäglich hautnah miterlebt.

Der Revisionsantrag wurde, wie erwartet, abgelehnt, aber nichts geschah. Die Familie lebte bei uns, der Mann arbeitete in unserer Landschaftsgärtnerei, half hier und da aus, es gab immer was für ihn zu tun, die Kinder wuchsen heran und machten sich gut in der Schule. Längst empfanden wir sie wie Nachbarskinder, die in einer Großfamilie mit am Tisch sitzen. Ich wusste, dass der Innenminister auf uns nicht gut zu sprechen war. Er befürchtete, einen Präzedenzfall zu schaffen. «Wollen Sie jetzt lauter Asylanten aufnehmen?», wurde ich gefragt. «Machen Sie sich doch mal klar, was den Staat das kostet!» – «Nichts», habe ich geantwortet. «Keinen Pfennig.»

ABTPRIMAS NOTKER WOLF

Wir hatten nämlich von uns aus Versicherungen für unsere Kurden abgeschlossen und sind selbst für Kosten aufgekommen, wenn die Versicherung einmal nicht einspringen wollte. Ein großes Kloster kann sich das leisten. Ob bei uns acht mehr oder weniger am Tisch sitzen, spielt keine Rolle. Gastfreundschaft und Großzügigkeit gehören ebenfalls zur benediktinischen Freiheit.

Eines Tages trat ein, was wir immer befürchtet hatten: Der Vater wurde verhaftet. An manchen Tagen fiel ihm die Decke auf den Kopf, dann machte er einen Spaziergang in der Umgebung des Klosters, und als er eines Sonntags vor einem Waldstück auf der Bank saß, tauchten zwei Polizisten auf, nahmen ihn fest und schafften ihn nach München-Stadelheim. Der Mann habe sich nicht ausweisen können, hieß es, deshalb sei er in Untersuchungshaft genommen worden. Da saß er jetzt im Gefängnis, und seine Familie konnte ihn nicht einmal besuchen, das Risiko war zu groß. Also fuhr ich hin, auch andere Freunde kamen, aber meistens war er mit seiner Angst allein, denn mehr als zwei Besuche im Monat durfte er nicht empfangen. Und dann sprach ihn der Amtsrichter nach vier Monaten frei! Kirchenasyl sei kein Haftgrund, entschied er, im Übrigen könne auf diesen Mann notfalls zugegriffen werden, jeder wisse ja, wo er sich aufhalte, und wenn man ihn mit Gewalt ausweisen wolle, könne man sich jederzeit bedienen. Er verfügte also die Entlassung.

Ein mutiger Mann, dieser Amtsrichter. Der Innenminister war alles andere als begeistert, sah aber von Gewalt ab. Wir verhandelten. Er schlug vor, zunächst nur den Vater nach Hause zu schicken, damit er sich in der Westtürkei eine Existenz aufbauen könne, bevor die Familie nachkommt. Das lehnte ich ab. Der Vater hatte in der Westtürkei keine Angehörigen, und es konnte Jahre dauern, bevor er dort Fuß gefasst hätte. Ohne weitläufige Familienbeziehungen würde er es schwer haben, und seine Frau würde in der Zwischenzeit mit sechs halbwüchsigen Kinder allein dastehen. Außerdem drohte ihm die Folter, was auch der Innenminister nicht leugnete. Er erwog deshalb, mit dem türkischen Botschafter zu reden – vielleicht könne der ihm die Garantie geben, dass der Mann vom Militärdienst befreit wird und straffrei ausgeht. Aber auch das war mir zu wenig. Ich verstand ja sein Problem: Als Innenminister konnte er nicht einfach Unrecht durchgehen lassen. Aber für mich war klar, dass die Rückführung der Familie ihre Zerstörung bedeutet hätte.

Nach sechs Jahren endlich hatten wir die Lösung: Ausreise in ein europäisches Land außerhalb der Europäischen Union. Es kam zu einer Einigung mit Polen, das seinerzeit noch nicht der EU angehörte, und seither leben unsere Kurden in Breslau. Inzwischen hat der älteste Sohn das beste Abitur seines Jahrgangs gemacht, und die älteste Tochter ist mit einem syrischen Asylbewerber verlobt. Sie besuchen uns nach wie vor, regelmäßig, und wir zahlen ihnen bis heute die Miete. Ein bisschen fühlen sie sich immer noch als Sankt Ottilianer.

Hätten wir uns auch dann zu helfen gewusst, wenn die Polizei versucht hätte, das Kirchenasyl gewaltsam zu beenden? Ich glaube, ja. Unsere Schüler und deren Eltern standen hinter mir, auf deren Solidarität konnte ich mich verlassen. Vielleicht hätten wir ähnlich reagiert wie die Benediktinerinnen von Dinklage. Die hatten etwa zur gleichen Zeit zwei osteuropäischen Familien Asyl gewährt, und eines Tages in der Früh, als die Nonnen gerade beim Chorgebet waren, rückte die Polizei an, ergriff die Leute und verfrachtete sie in ihren Mannschaftswagen. Doch die Schwestern konnten noch rechtzeitig verständigt werden. Sie brachen ihr Chorgebet ab, begaben sich eilends in den Hof, setzten sich im Kreis um das Polizeiauto herum und fingen an, den Rosenkranz zu beten. Was sollten die Polizisten machen? Losfahren konnten sie nicht.

ABTPRIMAS NOTKER WOLF

Sie gaben auf, und die Familien durften nach mühseligen Verhandlungen schließlich nach Kanada weiterziehen.

Wenn ich an Geschichten wie diese denke, empfinde ich die benediktinische Freiheit wirklich als Geschenk. Gewissensentscheidungen fallen im Kloster leichter. Wir brauchen uns nicht jedem Druck zu beugen. Das liegt auch daran, dass wir Zeit haben. Wir können warten, wir stehen nicht unter Erfolgszwang. Aus zwei Monaten können sechs Jahre werden. Über Dingen zu stehen, die außerhalb des Klosters so entscheidend sind, auch das ist Freiheit. Außenstehende spüren das recht bald, wie ich festgestellt habe. Mir haben Journalisten nach dem Besuch eines unserer Klöster verschiedentlich gestanden: Ein Kloster war für mich bisher eine Unterdrückungsanstalt. Jetzt finde ich, dass es nirgendwo so viel Freiheit gibt, auch so viel Respekt vor der Freiheit des anderen, wie im Kloster.

■ 11 ■   WORAUF WARTEN WIR?

■ 12 ■ VOM FREMDEN ZUM NÄCHSTEN

«Wie ist es möglich, dass euer Bruder an der Pforte ein so fröhlicher Mensch ist? Seit dreißig, vierzig Jahren sitzt er da, hat nie Karriere gemacht, wird nie Karriere machen, tut tagein, tagaus das Gleiche, und trotzdem ist er ein fröhlicher Mensch. Wie kommt das?»

Es waren buddhistische Mönche aus Japan, die mich das fragten. Wir hatten einige Wochen in Sankt Ottilien mit ihnen gemeinsam verbracht, sie waren nie zuvor in einem christlichen Kloster gewesen, und das, was sie unsere Fröhlichkeit nannten, hatte sie mehr als alles andere an uns erstaunt. Als ich später meinerseits mit einer Gruppe benediktinischer Mönche für eine Weile ein japanisches Kloster besuchte, wurde ich dort dasselbe gefragt: «Warum sind christliche Mönche so frohe Menschen?» Ich zögerte mit der Antwort. Ich stellte die Gegenfrage: «Wie erklärt ihr euch den Unterschied?» Aber für sie war es ein Rätsel. Sie hatten keine Erklärung dafür.

Ich habe dann selbst nach einem Grund gesucht und bin zu dem Schluss gekommen: Diese Fröhlichkeit muss damit zu tun haben, dass wir uns von Gott geliebt wissen. Das gibt uns nicht nur ein Gefühl der Geborgenheit. Alles, was im Leben innerhalb einer Gemeinschaft von Bedeutung ist, erhält dadurch ein enormes Gewicht: Herzlichkeit, Wärme, Menschlichkeit, jeder Aspekt der Beziehung von Person zu Person, und wo der Mensch in seiner Einzigartigkeit wahrgenommen und anerkannt wird, da blüht er auf. Bei uns wird die Persönlichkeit des Einzelnen nicht als störend empfunden und unterdrückt, sondern aufgewertet und zur Entfaltung gebracht. Die Liebe ist ein revolutionäres Prinzip, weil sie den Menschen als Individuum zur Geltung bringt und gleichzeitig alle künstlichen Schranken, alle gesellschaftlichen Hürden überwindet.

ABTPRIMAS NOTKER WOLF

In solchen Begegnungen lernt man nicht nur die anderen kennen, man lernt auch, sich selber besser zu verstehen – vor allem dann, wenn diese anderen in einer so andersartigen Kultur verwurzelt sind wie unsere japanischen Mönche. In Sankt Ottilien haben wir deshalb einen intensiven Erfahrungsaustausch mit buddhistischen Klöstern gepflegt. Die Initiative zu diesem interreligiösen Dialog war von den Japanern ausgegangen. Auslöser war die Frage gewesen, wie es den christlichen Mönchsorden gelingt, in einer säkularisierten Gesellschaft zu überleben. Auch die buddhistischen Klöster haben ja Schwierigkeiten, Nachwuchs zu finden, und von ihren Erfahrungen mit uns erhofften sie sich neue Anregungen.

Ich habe mich gern darauf eingelassen, aber aus anderen Überlegungen heraus. Unsere Welt wird immer kleiner, wir begegnen uns zwangsläufig, wir müssen lernen, miteinander auszukommen, und die Religionen sind von entscheidender Bedeutung für die friedliche Zukunft der Menschheit. Ich glaube, dass jede Religion ein kriegerisches Potenzial birgt. Aber genauso wohnt jeder Religion auch ein großes Friedenspotenzial inne, und ich meine, wir sollten nichts unversucht lassen, dieses Potenzial zu aktivieren, bei uns wie bei den anderen. Im Ersten Weltkrieg hat man die Erfahrung gemacht, dass Soldaten anfangen, ihre Feinde als Menschen zu betrachten und untereinander Zigaretten und Corned-Beef-Büchsen austauschen oder womöglich miteinander Fußball spielen, wenn sich dieselben Truppen längere Zeit an einem ruhigen Frontabschnitt gegenüberliegen. Es ist also nicht bloß eine schöne Illusion, dass die Wertschätzung füreinander wächst, je vertrauter man miteinander wird.

Man darf allerdings nicht den Fehler machen, den interreligiösen Dialog in einer ganz bestimmten Absicht zu führen und zielstrebig auf ein Ergebnis zusteuern zu wollen. Deshalb denken wir bei unseren Begegnungen mit japanischen Mönchen nicht über konkrete Themen nach; da wird nicht gegrübelt oder über unterschiedliche Gottesvorstellungen debattiert. Bei solchen Disputen könnte ja herauskommen, dass die Unterschiede unüberbrückbar sind, und auf jeden Fall verfällt man dabei leicht in Rechthaberei. Zwar hat Rechthaberei mit Wahrheit gar nichts zu tun – die Wahrheit muss gemeinsam gesucht werden. Aber diese gemeinsame Wahrheitssuche, ohne Rechthaberei betrieben, ist ein schwieriges Geschäft. Sie gelingt viel eher, wenn man von der existenziellen Seite an diesen Dialog herangeht und sich im alltäglichen Lebensvollzug als seinesgleichen erfährt – ganz abgesehen davon, dass sich theoretische Unterschiede im praktischen Zusammenleben ziemlich bald relativieren. Deshalb versuchen wir, uns einander als Menschen zu nähern, die unterschiedliche Kulturen vertreten und nicht die eine oder die andere Wahrheit verteidigen.

Wir haben die ersten buddhistischen Mönche also damals als Gäste in Sankt Ottilien aufgenommen, haben ihren Besuch dann erwidert, und mit der Zeit ist eine Partnerschaft zwischen unserem Kloster und einem der ihren entstanden. Und jedes Mal ging es uns wie ihnen darum, das Leben des anderen zu teilen und ein menschliches Fundament zu legen, auf dem eine vorurteilsfreie Verständigung möglich ist. Eine der wichtigsten Erkenntnisse war für mich, dass gewisse Elemente unserer eigenen klösterlichen Tradition für buddhistische Mönche denselben Wert haben – offenbar wird eine gemeinsame Ordnung, eine gemeinsame Disziplin überall auf der Welt als Voraussetzung dafür angesehen, bestimmte Ziele der Selbstverwirklichung zu erreichen. In dem japanischen Kloster wurde nicht viel geredet. Es war still, man nahm sich Zeit für die Meditation, und ich fühlte mich gleich zu Hause. Über Fragen der Disziplin brauchten wir erst gar nicht zu sprechen, das ergab sich ganz von allein; als christ-

ABTPRIMAS NOTKER WOLF

licher Mönch ist man sofort bereit, sich auf die Regeln der anderen einzulassen.

Ein weiteres Ergebnis des interreligiösen Dialogs ist für mich, dass überall, auch in buddhistischen Klöstern, nur mit Wasser gekocht wird. Das ist nicht abfällig gemeint. Das heißt nur, dass unsere Wertschätzung anderer Kulturen (und anderer Menschen) nicht auf Idealisierung beruhen darf, wenn sie von Dauer sein soll. Sie muss realistisch sein und Enttäuschungen aushalten können. Nur wenn man viel Verständnis für menschliche Schwächen aufbringt, führen derartige Begegnungen wirklich zur gegenseitigen Bereicherung. Wir im Westen haben oft ein verklärtes, ein naives Bild vom Buddhismus, das der Wirklichkeit gar nicht standhalten kann. Betrogene Hoffnungen schlagen schnell in Wut und Sarkasmus um, weshalb es immer klug ist, sich anderen Kulturen nicht mit leichtgläubiger Ehrfurcht zu nähern. Ich habe unter den Buddhisten in Japan wunderbare Menschen getroffen, aber ich habe in ihren Klöstern auch dogmatischen Starrsinn und einiges an überlebtem Traditionalismus erlebt. Muss man im 21. Jahrhundert wirklich noch die Teetasse auf drei Fingern der linken Hand balancieren, weil Buddha mit den beiden anderen Fingern seine Toilette besorgt hat?

Darüber hinaus birgt jeder interkulturelle Austausch die Gefahr, aneinander vorbeizureden. Auf dem Symposium, das wir regelmäßig am Ende der gemeinsam verbrachten Wochen abhalten, wird uns immer wieder klar, wie unterschiedlich wir denken. Mitunter merken wir erst nach einer Weile, dass wir mit denselben Begriffen ganz unterschiedliche Vorstellungen verbinden.

Nehmen wir nur die Idee der Selbstverwirklichung. Zunächst einmal könnte man meinen, dass buddhistische wie benediktinische Mönche sehr ähnliche Ziele haben, die sie auf sehr ähnlichen Wegen zu erreichen versuchen – um Selbstverwirklichung geht es jedenfalls beiden, das ist unstrittig. Auch in der Ablehnung des modernen, westlichen Selbstverwirklichungsideals sind wir uns einig – der Versuch, das eigene Selbst aus sich selbst zu schöpfen, erscheint ihnen genauso absurd wie uns, weil keiner sich selbst geschaffen hat und jeder seine körperliche und seelische Identität in dem Augenblick, da er zu Bewusstsein kommt, schon vorfindet. Doch damit endet die Gemeinsamkeit. Was das Ziel der wahren Selbstverwirklichung sei, darüber gehen unsere Ansichten auseinander.

Schon unter «Selbst» verstehen Buddhisten etwas anderes als wir. Dieses dominante, alles beherrschende westliche Selbst ist ihnen unbekannt. Und dann geht es im Zen-Buddhismus darum, so frei von sich selbst, so leer zu werden, dass von der Person des Einzelnen nichts mehr übrig bleibt – aus dieser Sicht ist jede individuelle Regung etwas, das den Menschen noch mit der Welt verbindet und die ersehnte Verschmelzung mit dem kosmischen Kreislauf verhindert. Für uns hingegen bedeutet Selbstverwirklichung die Erfüllung und die Vollendung der Person in Gott. Wenn wir Gott suchen, dann um uns selbst zu finden, nicht zu verlieren; unser Ziel ist also die Überhöhung des Individuums, nicht die Auflösung der Individualität. Auf dem buddhistischen Weg zur Erlösung stört die Person nur, sie muss deshalb überwunden werden, und die Selbstverwirklichung läuft auf das Erlebnis eines vorgezogenen Nirwanas hinaus. So gesehen bezweckt der Buddhismus das genaue Gegenteil dessen, was wir als Christen anstreben.

Wenn man genau hinsieht, stößt man also auf fundamentale Unterschiede, aber das stört mich nicht im Geringsten. Die dürfen auch nicht zerredet werden. Es muss nicht alles mit allem vereinbar sein. Es war auch niemals Sinn des interreligiösen Dialogs, partout Ähnlichkeiten oder Übereinstimmungen aufdecken zu wollen. Und darum lässt sich dieser Dialog auch nur unter reifen Partnern führen, das heißt mit

ABTPRIMAS NOTKER WOLF

Menschen, die von ihren Überzeugungen wirklich überzeugt sind. Um solche geht es den japanischen Mönchen genauso wie uns. Sie wollen in mir keinen Pseudobuddhisten finden, sondern einen überzeugten Christen, und ich erwarte nicht, dass sie sich früher oder später als Pseudochristen entpuppen. In dem Moment, in dem einer beim anderen auf den Kern seiner Überzeugung trifft, darf es keine Selbstzweifel und keine Kompromisse und keine Anbiederei geben. Unsere buddhistischen Gäste fanden uns dann auch unbeugsam, als sie in ihrem Eifer, wirklich alles mitzumachen, was zu unserem Tagesablauf gehört, in der Messe auch an der Kommunion, am heiligen Abendmahl teilnehmen wollten. Das haben wir ihnen behutsam ausgeredet.

Der Dialog zwischen den Kulturen und Religionen ist meiner Ansicht nach nur sinnvoll, wenn er von einer gut fundierten Position aus und dann ehrlich und mit Respekt vor der Andersartigkeit der anderen geführt wird. Ich halte gar nichts davon, sich seinen Lebenssinn bei allen möglichen Kulturen zusammenzusammeln, beim Buddhismus eine Anleihe zu machen, beim Hinduismus eine Anleihe zu machen, und sich aus diesen Versatzstücken dann eine multikulturelle Patchwork-Identität zu basteln. Ich glaube auch nicht, dass sich Menschen unterschiedlicher Kulturen nur dann vertragen, wenn sie in allem den kleinsten gemeinsamen Nenner suchen und deshalb keine großen Unterschiede entdecken. Sicher, wenn man nicht genau hinhört, mag das, was der Dalai Lama sagt, in manchem dem ähnlich sein, was wir Christen glauben. Aber was soll bei diesem Harmonisieren und Ausschlachten von Kulturen herauskommen? Doch höchstens die oberflächliche, unverbindliche Einheitsweltanschauung von Menschen, die nichts mehr zur gegenseitigen Bereicherung beizutragen haben. Das Ziel reifer Menschen aber müsste sein, auch dann friedlich zusammenleben zu können, wenn man ganz unterschiedlicher Auffassung ist. Ich habe jedenfalls nie gezögert, mich mit fremden Ideen auseinander zu setzen, weil ich mir immer gesagt habe: Du hast doch einen Standpunkt, einen Halt in dir selbst – lass dich ruhig infrage stellen und sei zuversichtlich, auch wieder eine Antwort zu finden.

Als Erzabt von Sankt Ottilien wäre ich im Übrigen auch nicht weit gekommen, wenn ich die Auseinandersetzung mit den unterschiedlichsten Kulturen gescheut hätte. Denn Sankt Ottilien ist, wie eingangs erwähnt, ein Missionskloster, und zu unserer Kongregation gehören Abteien in Nord- und Südamerika, im Fernen Osten und in Afrika. Da lernt man bald, dass kein Kloster unberührt bleibt von der Kultur, in die es eingebettet ist. Von Land zu Land, von Kontinent zu Kontinent ändern sich die Vorstellungen von Disziplin und Spiritualität, obwohl sich unsere Mönche von Korea bis Nebraska nach derselben Regel richten. Und hier in Sant'Anselmo mache ich täglich die Erfahrung, dass auch zwischen den Klöstern innerhalb Europas beträchtliche Unterschiede bestehen. Je nach Tradition und nationaler Kultur leben die einen kontemplativer, zurückgezogener, die anderen weltoffener, im engeren Kontakt mit der Gesellschaft, haben manche strenge Auffassungen von klösterlicher Disziplin, und manche legen die Regel großzügiger aus. Alles in allem kann man sagen, dass wir innerhalb unseres Ordens auf kulturelle Differenzen gefasst sein müssen, die nicht weniger ins Gewicht fallen als die zwischen deutschen Benediktinern und buddhistischen Mönchen aus Japan.

Nun stellen die Unterschiede zwischen einem irischen und einem französischen Kloster ein Problem allenfalls für den Abtprimas dar, der sie besucht und berät und dabei die jeweilige Mentalität berücksichtigen muss. Heikler wird es schon in Sant'Anselmo selbst, wo Mönche aus dreißig bis vierzig Nationen zusammenleben und studieren. Da kann es zu Spannungen kommen, da wird die Anpassungsfähigkeit des Einzelnen doch auf die Probe gestellt. Aber es sind wichtige Erfahrungen, die unsere Mönche hier machen können. Mancher kommt ja in dem Glauben nach Rom, in seinem Heimatkloster die benediktinische Lebensweise in Reinkultur zu erleben. Und dann stellt er hier in Sant'Anselmo fest, dass das benediktinische Mönchtum von anderen anders gelebt wird. Allmählich versteht er, dass sich im Lauf der Geschichte verschiedene Wege des Mönchseins herausgebildet haben. Und jetzt sieht er sein eigenes Kloster mit anderen Augen. Er akzeptiert, dass es auch anders geht. Doch gleichzeitig lernt er das Eigene erst jetzt wirklich zu schätzen, und nach anfänglichen Zweifeln findet er meist zu seiner Art des Mönchtums wieder zurück. Trotzdem ist er, wenn er uns verlässt, ein anderer geworden, weil seinem Gefühl der Geborgenheit jetzt nichts Borniertes oder Eigenbrötlerisches mehr anhaftet. Das ist der erste kulturelle Lernprozess, der sich in Sant'Anselmo bei jungen Leuten vollzieht.

Und dann beobachte ich, dass sich im zweiten Jahr viele hier in Rom mit einem Male nicht mehr wohl fühlen. Das erste Jahr ist noch aufregend – besonders die kulturbeflissenen Deutschen genießen es –, aber im zweiten Jahr wird es anstrengend. Der italienische Alltag ist eine Geduldsprobe, die Zuverlässigkeit der Römer lässt arg zu wünschen übrig, und nicht nur Deutsche und Amerikaner merken plötzlich, dass sie in einer anderen Kultur leben. Dem Unbehagen, das viele dann überkommt, ist nur dadurch beizukommen, dass wir hier in Sant'Anselmo ein persönliches, ein menschliches Klima schaffen und offen aufeinander zugehen. Wenn jeder das Gefühl hat, in seiner Eigenart und seinen nationalen Vorlieben ernst genommen zu werden, und jeder den Eindruck gewinnt, das Ambiente im Haus selber beeinflussen zu können, dann stellt sich schließlich so etwas wie ein Gefühl der Geborgenheit in einer großen Familie ein, und die meisten verlassen Sant'Anselmo nach ein paar Jahren mit der Erkenntnis: Es geht doch. Sie haben eine Ahnung davon bekommen, dass die eigene Kultur nicht die allein selig machende ist. Und selbst, wenn sie nur gelernt haben, die eigene Kultur zu schätzen, ohne die andere zu verachten, ist viel gewonnen.

Nun ist Sant'Anselmo allerdings ein harmloser Fall von Multikulturalität. Die echten Probleme beginnen da, wo Mönche oder Nonnen aus unterschiedlichen Kulturkreisen in demselben Kloster leben, nicht vorübergehend wie in Sant'Anselmo, sondern auf Dauer und in ständigem Kontakt. In Asien gelingt das noch relativ leicht, weil Europäer dort auf ähnliche Vorstellungen von Zivilisation treffen – das Zusammenleben zwischen deutschen und koreanischen Benediktinern etwa wirft kaum Probleme auf. Dramatisch aber wird es, wenn afrikanische und deutsche Mönche eine Gemeinschaft bilden.

Ein gemischtes Kloster? Für unsere deutschen Patres und Brüder in Tansania war das noch in den achtziger Jahren ein Ding der Unmöglichkeit. Unvorstellbar. Viele von ihnen beherrschten nur wenige Brocken Kisuaheli. In welcher Sprache sollte man denn die Stundengebete singen? Und worüber sollte man sich mit seinen schwarzen Brüdern unterhalten, wenn man abends zur Entspannung beisammensitzt? Man hatte doch nichts gemeinsam, weder Erfahrungen noch Erinnerungen, und den kulturellen Hintergrund schon gar nicht. Ganz zu schweigen von viel entscheidenderen Unverträglichkeiten, dem himmelweiten Unterschied in den Vorstellungen von Sauberkeit, von Zuverlässigkeit, von Organisation, von Eigentum zum Beispiel …

Ich war nicht ihrer Meinung. Ich war optimistisch – und bin es heute noch. Aber ich verstand sie. Ich weiß ja, wie schnell automatische Abwehrreaktionen auftreten, wenn man naiv an ein solches Projekt herangeht, bei Weißen genauso wie bei Schwarzen. Wir schotten uns eben normalerweise ab. Das tut jeder Clan – nach innen verhält er sich brüderlich und solidarisch, nach außen sieht er jeden anderen Clan als potenziellen Feind an. Das ist verhaltensbiologisch leicht zu erklären. Abschottung ist eine natürliche Reaktion, wichtig für den Selbstschutz, für die Selbsterhaltung der Gruppe. Trotzdem beharrte ich darauf, dass es möglich sein müsste, im Geist des Evangeliums und der christlichen Brüderlichkeit zusammenzuleben. Was war denn mit der benediktinischen Gleichheit, der Gleichheit vor Gott, und der Aufforderung des heiligen Paulus, als Christ keinen Unterschied zwischen Römern, Griechen und Barbaren zu machen? Wenn wir das ernst nehmen wollten, dann mussten wir einen Weg finden, den kulturellen Graben zwischen Europäern und Afrikanern zu überwinden. Wir mussten es zumindest versuchen.

Ein südafrikanischer Abt machte 1982 den Anfang. Wir können nicht in der Politik die Apartheid bekämpfen, sagte er, und in unseren eigenen Klöstern weiterhin Rassentrennung betreiben. Andere Äbte schlossen sich seinem Vorbild an. Für die einen war es der saure Apfel, in den sie beißen mussten, für andere eine Utopie, von der sie lange geträumt hatten. In jedem Fall aber begann für die deutschen Mönche in Afrika eine strapaziöse Zeit. In allen Klöstern, die das Zusammenleben nun erprobten, traten dieselben, ganz konkreten Alltagsprobleme auf.

Die Differenzen zwischen Europäern und Afrikanern fangen schon beim Sinn für Sparsamkeit an – Afrikaner gehen sehr sorglos mit Dingen und Lebensmitteln um, da wird viel fortgeworfen oder verschwendet. Dann ist ihre Einstellung zur Sauberkeit eine andere – von zu Hause sind sie Hygiene einfach nicht gewöhnt, und die weißen Mönche trauerten den sauberen Bädern und Toiletten der Vergangenheit nach.

Des Weiteren fehlt Afrikanern im Umgang mit moderner Technik oft die Einsicht in die Notwendigkeit, Geräte pfleglich zu behandeln und zu warten – in aller Regel benutzen sie etwas so lange, bis es kaputt ist. Europäern, die gewohnt sind, mit dem Klostereigentum sorgsam und haushälterisch umzugehen, machen all diese Verhaltensweisen furchtbar zu schaffen – was ich verstehen kann. Schließlich ist es Benedikt selbst gewesen, der seine Mönche angewiesen hat, die ganze Habe eines Klosters wie heiliges Altargerät zu behandeln – und damit den Grund für europäische Tugenden wie Sparsamkeit und Sorgfalt gelegt hat.

Doch damit war die Liste der Zumutungen noch nicht zu Ende. Das Problem mit der Sprache, mit dem Chorgebet kam hinzu. In den afrikanischen Klöstern, die von Deutschen gegründet worden waren, wurde das Chorgebet ursprünglich auf Lateinisch, später auf Deutsch gesungen. Und jetzt stand zur Debatte, die Psalmen in Tansania zum Beispiel auf Kisuaheli zu singen. Das hätte eine gewaltige Umstellung bedeutet. Mancher fühlte sich endgültig überfordert. Ich fuhr nach Afrika, ich redete mit den deutschen Brüdern dort, ich versuchte, ihren christlichen Ehrgeiz anzustacheln. Gell, der Herrgott erspart uns nichts, habe ich ihnen gesagt. Jetzt wird es noch einmal verdammt unbequem für euch. Aber ihr redet doch immer von der Gründergeneration unserer Klöster und davon, wie heroisch sie war. Jetzt wird von euch der gleiche Heroismus erwartet. Natürlich wird euer Heroismus nicht ganz so spektakulär ausfallen. Aber es erfordert vielleicht genauso viel Mut, seine Gewohnheiten umzustellen, wie ins Ungewisse aufzubrechen.

Mir war sehr wohl klar, dass das Zusammenleben von Schwarz und Weiß unter den Bedingungen des Klosterlebens eine harte Bewährungsprobe für das Ideal der christlichen Gleichheit darstellte. Nicht nur, weil es von den deutschen Brüdern viel Selbstüberwindung verlangte. Im Grunde erwartete ich von ihnen etwas, das Europäern unendlich schwer fällt, nämlich ihr europäisches Überlegenheitsgefühl aufzugeben. Diese fast instinktive Distanz des Lehrmeisters, mit der wir, auch beim allerbesten Willen, Afrikanern gewöhnlich begegnen. Ich weiß, wie schwer wir uns damit tun, in Afrika nicht in eine paternalistische Haltung zu verfallen. Und es macht die Sache nicht leichter, dass viele Afrikaner uns gegenüber ein Unterlegenheitsgefühl empfinden, das ebenso unbewusst ist. Aber das ist die Wirklichkeit, und das ist unsere Aufgabe. Ein Zurück gibt es nicht. Es gibt, soweit ich sehe, nur eine Lösung: Wir müssen wagen, zusammenzuleben, zusammenzuarbeiten und füreinander da zu sein. Nur im Zusammenleben ergibt sich die Gelegenheit, einander als seinesgleichen zu erfahren. Und ich bin zuversichtlich, dass das immer besser gelingt – vorausgesetzt, wir verfallen nicht in denselben Fehler, der vielen europäischen Gesellschaften in den letzten Jahrzehnten unterlaufen ist: auf Multikulti zu machen und so zu tun, als würden hier nicht ganz verschiedene Lebenswelten aufeinander prallen.

Ich glaube, dass die Erfahrungen unseres Ordens nicht nur auf Klöster zutreffen. Unsere gemischten afrikanischen Abteien sind für mich so etwas wie Labore, in denen unter realistischen Bedingungen Verfahren des friedlichen Miteinanders von Menschen getestet werden, die sich in vielem gründlich unterscheiden. Warum sollten sich unsere Erfahrungen nicht auch auf das Zusammenleben von Einwanderern und Einheimischen in Europa übertragen lassen? Die brennenden französischen Vorstädte im Herbst des Jahres 2005 haben jedenfalls gezeigt, dass es eine trügerische Hoffnung ist, kulturelle Barrieren würden sich irgendwann von selbst in Luft auflösen.

Wir dürfen uns nichts vormachen. Moralische Appelle, Beschwörungen einer multikulturellen Utopie oder Aufrufe zu einem «Aufstand der Anständigen» tragen nicht das Geringste zur Lösung dieser Probleme bei. Stattdessen sollten wir uns immer wieder klarmachen, wie schwer es ist, sich in seinen Lebensgewohnheiten umzustellen. Das gelingt, wenn überhaupt, nur unter Mühen. Ich rate deshalb den Äbten unserer gemischten Klöster immer wieder, die kulturellen Spannungen in ihren Gemeinschaften offen zur Sprache zu bringen und den Schwierigkeiten auf den Grund zu gehen. Vieles, was einen am anderen stört, lässt sich so ohne weiteres kaum sagen, oft weiß man gar nicht, wo das Problem eigentlich liegt. Umso entscheidender ist es, regelmäßig darüber zu diskutieren, was schief gelaufen sein könnte. Wenn wir nicht die Augen vor den Problemen verschließen, wenn wir nicht aus Sorge, den anderen zu diskriminieren, so tun, als wäre nichts, dann sind wir einen großen Schritt weiter – in unseren Klöstern, aber auch auf dem Weg zu einer friedlichen, multikulturellen Gesellschaft in Europa.

ABTPRIMAS NOTKER WOLF

■ 13 ■   MENSCHEN MIT HINTERGRUND

Als ich ins Kloster eintrat, hatte ich meine ersten Erfahrungen mit der Vielfalt der Kulturen längst gemacht. Die reichen nämlich in meine Kindheit zurück. Ich hatte gewissermaßen eine multikulturelle Kindheit.

Ich bin in einem Dorf groß geworden, zweieinhalbtausend Einwohner zählte die Gemeinde vielleicht. Meine Eltern waren natürlich katholisch, und die Kirche gehörte für uns zum Leben. Meine früheste Erinnerung ist die an die erste Christmette mit meiner Mutter. Sie hat mich kleinen Stöpsel damals vor sich auf die Bank gestellt und festgehalten, und ich habe mit fassungslosem Staunen dem Gesang gelauscht und den Weihrauch eingesogen. Was sich da vor meinen Augen und Ohren abspielte, das war für mich das Äußerste an Schönheit, seither war ich für die Kirche gewonnen. Die Kirche wurde meine Heimat, ein selbstverständlicher Teil meines Lebens.

Als Messdiener später gab es für mich kein größeres Vergnügen, als die Glocke zu läuten. Damals ging das noch per Hand, da hat man sich an den Glockenstrang geklammert und von dem auf und nieder tanzenden Seil hochziehen lassen bis zur Decke. Nun waren natürlich alle genauso erpicht darauf wie ich, weshalb nach dem Sanctus jedes Mal ein Kampf in der Kommunionsbank ausbrach, wer von uns Messdienern in den Turm durfte, die Glocke zu läuten. Heute wäre es eine Todsünde, wenn sich die Ministranten in der Messe balgen würden, aber damals haben wir uns ungeniert kräftig gerauft, und alle nahmen das hin – höchstens, dass der alte Pfarrer uns mal die Weihwasserbimsel um die Ohren schlug.

Nein, die Religion gehörte zum Alltag. Als Ministranten haben wir den ganzen Kreislauf des Lebens miterlebt, waren bei den Taufen dabei und bei den Hochzeiten, haben auch unsere

Toten begleitet und uns im Winter auf dem Friedhof fast die Finger abgefroren, weil das Rauchfass so eisig kalt wurde und Handschuhe gegen die Ehrfurcht verstießen. Das war alles selbstverständlich, und genauso selbstverständlich war, dass es noch andere Christen bei uns gab. Ein Drittel unserer Mitbürger waren nämlich Reformierte. Wir nannten sie die Hartlutherischen, weil es bei ihnen so spartanisch zuging. Da gab es keine Kerzen auf dem Altar, keine Blumen in der Kirche, keinen Christuskörper am Kreuz – nur den nackten Altar und das nackte Kreuz in einem schmucklosen Kirchenraum. Und mit diesen Hartlutherischen lagen wir in Dauerfehde. Auch das war selbstverständlich.

Es mangelte nie an Gelegenheiten, den anderen spüren zu lassen, was man von seiner Konfession hielt. Die evangelische Kirchenuhr beispielsweise war unserer immer um zwei Minuten voraus, weshalb das evangelische Geläut immer als Erstes einsetzte. Eine Demütigung, gegen die wir letztlich kein Mittel wussten. Es nützte nämlich nichts, auf den Turm zu steigen und unsere Uhr vorzustellen – am anderen Tag ging die evangelische Turmuhr doch wieder zwei Minuten vor. Am Karfreitag, der den Evangelischen heiliger war als uns, demonstrierten die katholischen Frauen ihre Verachtung für alles Evangelische, indem sie ihre gewaschene Wäsche zum Trocknen raushängten; am Fronleichnamstag kam dann für die evangelischen Frauen die Stunde der Rache. Nur manchmal gelang es uns, über diesen Abgrund an Unterschiedlichkeit hinwegzusehen, nämlich dann, wenn der Turnverein oder die Feuerwehr ein Fest feierte. Da versammelten sich alle einträchtig in der katholischen Kirche – die Protestanten, das ist zu vermuten, mit heißen Füßen.

Diese Zeiten sind längst vorbei. Aber damals, zu Beginn der fünfziger Jahre, war es so. Ich habe also von Kind auf gelernt, dass die Gemeinsamkeit des Lebens in der Verschiedenheit

ABTPRIMAS NOTKER WOLF

möglich ist. Man war eben anders, man legte auch Wert darauf, und trotzdem ist die Welt nicht untergegangen. Natürlich hat es noch eine Weile gedauert, bis mir bewusst wurde, dass Verschiedenheit Reichtum bedeutet. Aber der kulturelle Einheitsbrei ist mein Ideal nie gewesen.

Deshalb wundere ich mich, dass bei uns und in vielen Ländern des Westens seit geraumer Zeit das Dogma der politischen Korrektheit gilt. Ich glaube nicht, dass wir mit der wachsenden kulturellen Vielfalt unserer Gesellschaften dadurch fertig werden, dass wir das, was uns unterscheidet, möglichst verheimlichen und verschleiern, uns blind und taub stellen und die Fremdheit der anderen mit schamhaftem Schweigen übergehen. Die ängstliche Prüderie, mit der wir davor zurückschrecken, Unterschiede zur Sprache zu bringen, erinnert mich manchmal geradezu an die altjüngferliche Sexualmoral des Viktorianischen Zeitalters. Was damals die Sexualität war, nämlich das schlechthin Unaussprechliche, das ist für uns heute offenbar das Andere und Andersartige, das Fremde und Fremdartige. Und genauso wie sich der gute Viktorianer allerlei sprachliche Ausweichmanöver einfallen lassen musste, wenn das heikle Thema nicht mehr zu umgehen war, sind wir heute zu kabarettreifen Verballhornungen und verbalen Eiertänzen gezwungen, wenn wir nicht gegen die Etikette der politischen Korrektheit verstoßen wollen.

«In meinem Haus in Hamburg wohnt eine Familie mit Migrationshintergrund» – mit diesen Worten begann der Moderator einer Jugendsendung im Rundfunk seine Geschichte über eheliche Gewalt in einer Einwandererfamilie. Man darf annehmen, dass einem, der sich so ausdrückt, irgendetwas furchtbar peinlich ist. Und wie das so ist, teilt sich seine Peinlichkeit dem Hörer im selben Augenblick mit. Es muss ja einen Grund haben, denkt man sich, wenn jemand zu einer derartig gewundenen Formulierung greift, um die Herkunft von Ausländern zu verheimlichen, und plötzlich ist man selbst befangen. Man wagt kaum noch, sich unter diesen Leuten jetzt Menschen mit dunkler Haut und schwarzem Haar vorzustellen, und ist erleichtert, als dem Moderator später das Wort «Indien» entschlüpft. Aha, da hat man doch gar nicht so falsch gelegen. Aus Indien kommt die Familie also. Glück gehabt. Nur – welches Zartgefühl hat den Moderator denn nun bewogen, den Mantel des Schweigens über die Herkunft dieser Menschen zu breiten?

Denn eigentlich ist es ja keine Schande, aus Indien zu kommen. Der Umstand, dass es sich um Inder gehandelt hat, kann also unmöglich schuld daran sein, dass uns das Herkunftsland dieser Familie vorenthalten wurde. Aber wer oder was ist dann schuld? Ich fürchte: Wir sind schuld. Ich, der Zuhörer. Wir, die Gesellschaft, in der die indische Familie jetzt lebt. Uns verschweigt man besser die näheren Umstände. Warum? Weil wir, wenn wir es so genau wüssten, gleich ein Vorurteil gegen diese Familie hätten und eine Abneigung gegen sie fassen würden – weil uns, kurz gesagt, dann gleich nach Diskriminierung wäre. Und das ist das Erste, was mich an der politischen Korrektheit stört: dass sie alle unter den Generalverdacht stellt, fremdenfeindlich oder rassistisch oder frauenfeindlich zu sein. Sie traut jedem alles zu. Sie macht keinen Unterschied. Sie geht grundsätzlich davon aus, dass jeder zu allem fähig ist. Jedenfalls, soweit er der so genannten Mehrheitsgesellschaft angehört.

Die politische Korrektheit ist also eine zutiefst pessimistische Moral. Sie hält sich nicht dabei auf, das zu verurteilen, was ein Mensch sagt oder tut, sie misstraut schon seinen Motiven. Da gibt es keinen, der reinen Herzens wäre, da lässt sich jeder im Umgang mit Menschen anderer Herkunft, anderer Hautfarbe, ja selbst anderen Geschlechts oder anderer sexueller Orientierung von den gehässigsten Vorurteilen leiten – und selbst wenn das in Wirklichkeit auf sehr wenige nur zuträfe, wäre das immer noch Grund genug, alle an die Kandare zu nehmen. Die politische Korrektheit erzeugt deshalb ein Klima allgemeiner Befangenheit und schüchtert ein, durch Tabus, durch Sprachregelungen und durch Ächtung derer, die dagegen verstoßen – bis man sich dreimal überlegt, ob man es darauf ankommen lassen will, missverstanden zu werden. Wer Diktaturen erlebt hat, der kennt das.

Kürzlich im Flugzeug, beim Landeanflug auf Rom, fing neben mir ein Kind laut zu weinen an und war nicht zu beruhigen. Ich wollte deshalb ein paar Faxen machen, Fingertricks vorführen, Grimassen ziehen. Dieses Mittel hatte sich bewährt, bei einer ähnlichen Gelegenheit hatte ich ein schreiendes Kind mit solchen Ablenkungsmanövern zum Lachen gebracht und so lange bei Laune gehalten, bis wir gelandet waren. Und dann fiel mir im letzten Moment ein: Um Himmels willen, das sind Amerikaner – wenn ich jetzt vor ihrem Kleinen herumkaspere, nehmen sie womöglich an, ich sei pädophil! Für einen Kinderschänder gehalten zu werden, das wollte ich nun doch nicht riskieren. Die politische Korrektheit gibt ja jedem das Recht, sich bei allem was zu denken, und gegen die Terrorherrschaft des Hintergedankens bin ich genauso machtlos wie jeder andere. Da habe ich das Kind lieber schreien lassen.

Man könnte sagen, die politische Korrektheit ist eine Form der moralischen Dramatisierung, die – egal wie harmlos oder banal – stets das Schlimmste annimmt. Denn was heute zum Beispiel als Fremdenfeindlichkeit gilt, das sind oft nur die alten Schutzmechanismen, die natürlichen Abwehrreaktionen, aus denen eine Irritation, eine Unsicherheit angesichts des Fremden spricht. Ich habe das einmal bei meiner Mutter erlebt. Sie besuchte mich in Rom und begegnete hier unserem schwarzafrikanischen Prior. Er begrüßte sie, und als er ihre

Hand wieder losließ, warf sie als Erstes einen Blick darauf, um sich zu überzeugen, dass sie nicht schwarz geworden war. Wir haben beide gelacht, aber sie hat sich furchtbar geniert, sie wusste gar nicht, wie sie das wieder gutmachen sollte. Nun, für mich war das die erklärliche Reaktion eines Menschen, der den Umgang mit Fremden nicht gewöhnt ist – wie so vieles, was in politisch korrekten Kreisen einen Aufschrei auslöst und sich bei genauerem Hinsehen als harmlos entpuppt. Wir sollten uns dadurch nicht beirren lassen. Ich finde ohnehin – und nicht nur in Fällen, wo es um eine Sünde wider die politische Korrektheit geht –, dass mehr Verständnis für unsere Schwächen in unsere Vorstellung von einem richtigen Leben einfließen sollte, größere Nachsicht, mehr Gelassenheit und nicht zuletzt die Bereitschaft zu verzeihen.

Bei den Verfechtern der politischen Korrektheit kommt man damit nicht durch, ich weiß. Die kennen keinen Beichtstuhl. Die drohen gleich mit der Verstoßung aus der Gemeinschaft der Anständigen. Aber ich bezweifele, dass unsere Welt durch einen verordneten moralischen Perfektionismus menschlicher wird. Und auf keinen Fall teile ich den Glauben an das politisch korrekte Allheilmittel «Antidiskriminierung».

Denn Antidiskriminierung ist ein negativer Begriff. Er ist leer, hohl, völlig beliebig, er kann alles oder nichts bedeuten. Nur eines ist Antidiskriminierung auf keinen Fall: ein Wert. Negative Begriffe haben keinen Inhalt. Im Grunde ist Antidiskriminierung nichts anderes als eine Alarmanlage, die jeder betätigen kann, der sich vor den Kopf gestoßen oder benachteiligt oder übergangen fühlt. Wer diese Alarmanlage betätigt, erzeugt einen schrillen Ton, alle schrecken auf, und das ist der Sinn der Sache. Und natürlich wird diese Alarmanlage von den Empfindlichen und den Selbstgerechten am fleißigsten betätigt. Der englische Komödiant John Cleese (*Monty Python's Flying Circus*) hat das Problem auf den Punkt

ABTPRIMAS NOTKER WOLF

gebracht, als er meinte, die politische Korrektheit schütze vor allem die Minderheit der Leichtbeleidigten und Hyperempfindlichen und gebe dieser Minderheit das Recht, festzulegen, was in einer Gesellschaft überhaupt noch gesagt werden darf, welche Themen überhaupt noch zumutbar sind. Das heißt: Antidiskriminierung führt zur Selbstermächtigung all derer, die partout Anstoß nehmen wollen.

Ein untauglicher Begriff also, wenn es um die positiven Werte geht, an denen sich eine Gesellschaft orientieren könnte. Aber ein sehr brauchbares Instrument in den Händen derjenigen, die Unterschiede generell für anstößig oder unzumutbar oder ungerecht halten. Antidiskriminierung ist der Hebel, den die Verfechter der totalen Gleichheit an die Gesellschaft ansetzen – das perfekte Werkzeug für linke Sozialingenieure mit Pauschallösungen für gesellschaftliche Probleme.

Nicht nur, dass schlichtweg jeder Unterschied, jede Unterscheidung umstandslos zur Diskriminierung erklärt werden kann. Der Unterschied als solcher trägt aus dieser Sicht schon den Keim von Konflikten in sich und gehört deshalb aus der Welt geschafft. Wer sich zu deutlich unterscheidet, der bietet eine zu große Angriffsfläche, der muss gewissermaßen unsichtbar gemacht werden, zu seinem eigenen Schutz. Da sich nun aber reale Unterschiede nicht ohne weiteres beseitigen lassen, muss wenigstens die Wahrnehmung dieser Unterschiede verhindert werden. Letztlich läuft die politische Korrektheit deshalb darauf hinaus, an einem Menschen alles zu verschleiern oder zu tabuisieren, was ihn an kulturellen Erfahrungen geprägt hat, was ihn als Angehörigen einer bestimmten Gruppe oder Gesellschaft ausmacht, sodass am Ende nur noch der gewissermaßen abstrakte Mensch übrig bleibt, losgelöst von seinem Geschlecht, seiner Herkunft, seiner Kultur. Ein Phantom, mit anderen Worten. Ein undefinierbares Phantom wie der «Mensch mit Migrationshintergrund».

■ 13 ■   WORAUF WARTEN WIR?

Und das ist der zweite Punkt, der mich an der politischen Korrektheit stört: Sie ist eine groß angelegte Vernebelungsaktion, und sie bewirkt deshalb das Gegenteil von dem, was sie bewirken will. Wer Unterschiede leugnet, der macht sie dadurch überhaupt erst zum Stein des Anstoßes, und ein Frieden, der dadurch erkauft wird, dass alle sich blind und taub stellen, ist ein fauler Frieden. Es rächt sich immer, wenn Moral vor Wahrheitsliebe geht. Kein einziges der Probleme, die sich aus dem Zusammenleben von Menschen unterschiedlicher Denk- und Lebensgewohnheiten ergeben, lässt sich lösen, wenn man nur hinter vorgehaltener Hand darüber reden darf, aus Sorge, sich andernfalls dem Vorwurf des Rassismus auszusetzen. Oder der Frauenfeindlichkeit. Oder der Schwulenfeindlichkeit.

Ich könnte mir allerdings denken, dass die Verfechter der politischen Korrektheit an realistischen Lösungen gar nicht so sehr interessiert sind. Und zwar deshalb nicht, weil man nur im Reich der politisch korrekten Phantomgesellschaft ohne Rücksicht auf die Natur des Menschen seine gesellschaftspolitischen Experimente betreiben darf. Phantome nehmen ja nichts übel, und der Zerfall einer Phantomgesellschaft steht kaum zu befürchten. Eine wirkliche Gesellschaft aber kann man durch ideologische Experimente sehr wohl gefährden, da müsste man dann doch die psychologischen Bedingungen und die natürlichen Entwicklungsgesetze des Menschen berücksichtigen, wenn man beispielsweise über das Adoptionsrecht von Homosexuellen debattiert. Diese natürlichen Entwicklungsgesetze lassen sich eben nicht außer Kraft setzen, und wer sie ignoriert, beschädigt den Menschen, indem er seine Freiheit untergräbt. Ein Kind braucht für seinen Reifungsprozess, für die Entfaltung seiner seelischen und geistigen Kräfte eine normale Familie mit Mutter und Vater – Kinderpsychologen werden das bestätigen.

ABTPRIMAS NOTKER WOLF

Letzten Endes, und das macht die politische Korrektheit regelrecht bedrohlich, ist sie Willkür. Entmündigung des Individuums. Moral auf Befehl. Aber auf wessen Befehl? Wer steckt dahinter?, frage ich mich. Wer darf sich anmaßen, das Urteilsvermögen und das Gewissen des Einzelnen außer Kraft zu setzen und Unterwerfung unter die absonderlichsten Sprech- und Denkverbote zu fordern? Wer darf bestimmen, wer wen womit vor den Kopf stößt und wann einer das Recht hat, beleidigt zu sein? Und das Unheimlichste: Die politische Korrektheit macht vor nichts Halt. Sie ist buchstäblich maßlos. In den USA hat man jetzt aus der Heiligen Schrift eine politisch korrekte Fibel gemacht, hundertprozentig geschlechtsneutral und rücksichtslos den viktorianischen Empfindlichkeiten des Zeitgeschmacks angepasst. Natürlich ist das eine Verfälschung des biblischen Textes, aber womöglich erst der Anfang. Vielleicht geht man als Nächstes daran, Goethe-Gedichte auf frauenfeindliche Formulierungen hin abzusuchen und gegebenenfalls umzudichten. Bis jetzt wusste man Literatur ja noch aus ihrem historischen Kontext heraus zu interpretieren, bisher gaben diese Texte ja noch Aufschluss über das Verhältnis der Geschlechter zur jeweiligen Zeit. Doch wenn wir ehrlich sind, müssen wir nun zugeben: Die gesamte abendländische Literatur ist unzumutbar, eine einzige Beleidigung, nichts davon ist diskriminierungsfrei, und eigentlich gehört sie samt und sonders umgeschrieben – für den Gebrauch von infantilen Menschheitsverbesserern, die nichts mehr aus seiner Zeit heraus verstehen können.

Kurz: Ich plädiere für mehr Verstand und etwas weniger Moral. Die politische Korrektheit ist ein Programm zur moralischen Versklavung. Sie arbeitet mit dem Zwang zum Wegschauen, zur Schönfärberei, zum Maulhalten. Sie fürchtet sich vor einer Freiheit, die der Mensch zum Guten wie zum Bösen nutzen kann. Doch dieses Risiko müssen wir eingehen. Darin besteht ja das Wesen der Freiheit. Niemand hat das Recht, diese Freiheit zu beschneiden. Und was die Wertschätzung unserer Mitmenschen angeht – gleichgültig welcher Hautfarbe, Herkunft oder sexuellen Orientierung: Achtung und Respekt sind tatsächliche Werte, die sich im Umgang mit anderen bewähren. Aber Achtung und Respekt kann man nicht befehlen. Man kann kein Gesetz machen, das verlangt, den anderen zu achten. Einem Menschen Gerechtigkeit widerfahren zu lassen, das ist eine Sache der persönlichen Moral, des persönlichen Anstands, der persönlichen Redlichkeit. Und Gleichbehandlung kann man ohnehin nicht erzwingen, weil sie gar nicht definierbar ist. Antidiskriminierung läuft deswegen auch nur darauf hinaus, dass sich jeder so lange benachteiligt fühlen darf, bis er seine Vorstellung von Gleichheit endgültig durchgesetzt hat.

Der Eifer der politisch Korrekten erinnert mich an den Propheten Jonas. Dieser Jonas begab sich auf Gottes Geheiß in die Stadt Ninive, in der es drunter und drüber ging. Er sollte ihr den Untergang androhen für den Fall, dass sich ihre Bewohner nicht besserten. Jonas tat das. Er predigte, er malte seinen Zuhörern das bevorstehende Strafgericht in den schwärzesten Farben aus – und fand Gehör. Die ganze Stadt bereute und ging in Sack und Asche. Daraufhin verzieh Gott den Menschen von Ninive und verschonte ihre Stadt. Und nun schäumte Jonas vor Wut, weil er sich als Prophet von Gott gedemütigt fühlte. Er ließ sich auf einem Hügel über der Stadt nieder (worauf Gott eine Schatten spendende Rizinusstaude neben ihm wachsen ließ, damit er keinen Sonnenstich bekam) und schimpfte mit seinem Auftraggeber: Wie kannst du mich so blamieren? Ich verkünde hier den Untergang der Stadt, und du lässt Gnade vor Recht ergehen, du fällst mir in den Rücken und machst mich lächerlich! Wie stehe ich jetzt da?

ABTPRIMAS NOTKER WOLF

Ja, da ist der moralisch Korrekte plötzlich der Gelackmeierte. Vergebung, das passt nicht ins Konzept der Moralprediger. Die rufen nach «zero tolerance». Ich freue mich jedes Mal, wenn ich an diese Stelle komme, so ironisch und so wahr.

■ 13 ■   WORAUF WARTEN WIR?

■ 14 ■ DIE GROSSE ZWANGSVERBRÜDERUNG

Zur Zeit des letzten Irakkriegs fiel mir bei einem Blick in unsere Küche auf, dass zwei Iraker und zwei Amerikaner da beieinander standen und einträchtig Geschirr spülten. Für mich war das ein kurzer, utopischer Augenblick, fern aller Ideologie, die praktische Umsetzung der europäischen Werte von Freiheit, Gleichheit und Solidarität im banalsten Alltag. Es war ein Bild, das einem ins Gedächtnis rufen konnte, welche einzigartigen Voraussetzungen für eine humane Gesellschaft diese europäischen Werte bieten, weil sie auf etwas ganz Einfaches und gleichzeitig ganz Großartiges abzielen: den anderen leben zu lassen, so wie er mag.

Selbstbestimmung, Toleranz, die Vereinbarkeit von Religion und Freiheit – dies alles sind europäische Errungenschaften. Sollten wir nicht so selbstbewusst sein, uns kein Moralsystem aufzwingen zu lassen, das in Amerika unter anderen Bedingungen entwickelt wurde, als sie bei uns in Europa herrschen? Eigentlich müsste uns der amerikanische Zwang zur Anpassung an eine nationale Monokultur doch widerstreben. Bei uns gibt es auch nicht diese radikale, puritanische Tradition des Denkens in Schwarz und Weiß oder in Achsen des Bösen. Und es gehört gottlob nicht mehr zum europäischen Credo, der Welt das Heil bringen zu wollen. Unsere Stärke sind die feineren Unterscheidungen, wir haben eine Kultur der Verständigungsbereitschaft, wir haben auch ein Gespür für andere Kulturen und nehmen sie als authentische Schöpfungen wahr, nicht als Vorstufen zu unserer eigenen Kultur. Natürlich gibt es bei uns noch genug Überheblichkeit. Aber die Devise «Am deutschen Wesen soll die Welt genesen» hat längst ausgedient. Der missionarische Eifer ist uns doch erfreulich fremd geworden.

ABTPRIMAS NOTKER WOLF

Gelassenheit ist für mich ein wesentliches Element einer europäisch geprägten Vorstellung von Menschlichkeit. Mag sein, dass ich als Wahlrömer von den Italienern angesteckt bin, jedenfalls geht es mir so, dass ich diese Art von Menschlichkeit vor allem in Italien antreffe. Hier gibt es ein großes Verständnis für die Unvollkommenheit des Menschen – und deshalb auch einen bemerkenswerten Respekt vor individuellen Eigenarten, auch Schwächen. Der Perfektionismus ist ja nur so lange von Vorteil, wie es um Maschinen geht. Menschen hingegen geraten immer etwas unperfekt, gemessen am Ideal; sie sind eben Geschöpfe, und aus der Sicht ihrer Mitgeschöpfe lassen sie allzeit etwas zu wünschen übrig. Italienern, habe ich den Eindruck, fällt es relativ leicht, Abstriche vom idealen Menschenbild zu machen.

Diese Nachsicht verbindet sich übrigens mit einer ordentlichen Portion gesunden Menschenverstands. Man verfällt hier nicht so leicht dem ideologischen Größenwahn, die Menschen und die Welt neu erfinden zu müssen, man belässt es lieber bei dem Bemühen, sich in einer vorgefundenen Welt zurechtzufinden und zu behaupten – und traut dem anderen dabei nicht weniger Verstand zu als sich selbst. Ein schöner Beweis dafür war die Art, in der die römische Polizei mit dem Besucherstrom anlässlich des Todes von Johannes Paul II. fertig geworden ist. Vier Millionen Gäste, und trotzdem brach kein Chaos aus! Die italienischen Behörden haben erst gar keine großen Versuche unternommen, die Besuchermassen zu dirigieren und zu kontrollieren. Sie sind einfach davon ausgegangen, dass jeder einen Verstand hat und sich selbst zu helfen weiß. Darauf beruht ja im Kern die Kunst der Improvisation: Dass man sicher sein kann, es nicht mit Leuten zu tun zu haben, die durch Gängelung und Bevormundung unselbständig geworden sind.

Den anderen nicht den Verstand absprechen, aber auch

nicht erwarten, dass sie unserem Ideal entsprechen – mit dieser gut italienischen Einstellung komme ich auch in unserem Orden weiter. Denn nicht alles, was mir unter die Augen kommt, ist lupenrein christlich, und längst nicht überall entspricht der Glaube in jedem Punkt dem Katechismus. Selbst bei unseren amerikanischen Benediktinerinnen habe ich mit dieser Einstellung Erfolg – und die sind nicht ohne. Etliche von ihnen haben sich einem etwas beckmesserischen Feminismus verschrieben, der sich hin und wieder in einem grimmigen Gesichtsausdruck bemerkbar macht.

Bald nach meiner Wahl zum Abtprimas hatte ich schon bemerkt, dass mich meine Ordensschwestern dort in Amerika kritisch beäugten und jede Aussage von mir auf die Goldwaage legten. Nun wurde ich zu ihrem Generalkapitel eingeladen, wo ich der einzige Mann unter siebzig oder achtzig Priorinnen war. Am vorletzten Tag gab es einen geselligen Abend. Sie hatten mich gebeten, meine Querflöte mitzubringen, das hatte ich natürlich gemacht, und gleich ging's los. Ich musste auftreten, spielte Stücke von Telemann und Bach-Sonaten und wurde jedes Mal von einer anderen Schwester am Klavier begleitet, es waren ja etliche ehemalige Musiklehrerinnen unter ihnen. Nach dem letzten Stück kam eine philippinische Benediktinerin nach vorn, auch eine Feministin, aber eine souveräne und humorvolle, die rief: «Come on, Notker, let's get the show on the road!» Und dann haben wir beide aus dem Stegreif Broadwaymelodien gespielt, von *My Fair Lady* bis *West Side Story*, sie auf dem Klavier wild drauflos, ich auf der Querflöte, und damit war das Eis endgültig gebrochen. So haben wir uns gegenseitig schätzen gelernt, die amerikanischen Benediktinerinnen und ich. Nicht durch theologische Diskussionen über feministische Leib- und Magenthemen. Ich habe auch keine Antidiskriminierungsmethoden bei ihnen angewandt. Wir haben einfach Prinzipien Prinzipien sein lassen,

ABTPRIMAS NOTKER WOLF

und seither verstehen sie mich genau, wenn ich ihnen sage: «Hört mal, Feminismus hin oder her, aber wenn ihr mit einem solchen Gesicht dasitzt und mit starrem Blick ‹Come to us, and see our joy› faucht, dann nimmt man euch vielleicht euren Feminismus ab, aber nicht eure Lebensfreude.»

An schwierige Beziehungen mit dem besten Willen und auf keinen Fall ideologisch herangehen, das ist menschlich und deshalb klug. Wir müssen ja miteinander auskommen. Wenn es sein muss, auch ein Auge zudrücken. Aber nicht alle beide! Nicht auf Friede, Freude, Eierkuchen machen, wenn's drauf ankommt. Sonst bleibt von unserer viel gerühmten – und zu Recht viel gerühmten – Streitkultur nichts mehr übrig. Dann haben die politisch korrekten Ideologen freies Schussfeld, die die kulturelle Selbstauflösung zur Vorbedingung für das weltweite Verbrüderungsfest erklären. Auf diesem Weg haben wir Europäer, wie ich fürchte, schon beängstigende Fortschritte gemacht. Seid lieb zueinander, heißt die Devise, und gebt eure Überzeugungen auf, als kleine Vorleistung zur großen, kuscheligen Welteinheitskultur. Die Vertreter des Islams sehen das ein bisschen anders. Es wäre gut, wenn wir ihnen etwas entgegenzusetzen hätten.

Ich respektiere durchaus das Bestreben der Muslime in Deutschland, ihre religiöse Identität in einer fremden Umgebung zu bewahren. Dennoch scheint mir Wachsamkeit geboten. Denn diese Identität beschränkt sich nicht auf einen Glauben, nicht auf bestimmte Formen der Religionsausübung, sie schließt gesellschaftliche und politische Wertvorstellungen ein, die mit unseren kaum in Einklang zu bringen sind. Dazu gehört beispielsweise eine Unduldsamkeit gegenüber nicht islamischen Auffassungen und Lebensstilen, wie sie überall in der islamischen Welt anzutreffen ist, auch in jenen Ländern, in denen der Fundamentalismus nicht die Oberhand gewonnen hat. Ich rate daher, solche tief greifen7den kulturellen Diffe-

renzen in der Auseinandersetzung mit dem Islam einzukalku-
lieren, sonst könnte es ein böses Erwachen geben.

So bezweifele ich etwa, dass es das richtige Signal wäre,
den Bau einer Moschee genau gegenüber einer Kirche zu
gestatten. In München steht dieser Fall derzeit zur Debatte.
Den Muslimen geht es hier offenbar um die Demonstration
eines Machtanspruchs, den sie in einer Kraftprobe durchsetzen
wollen. Die Bewohner des betroffenen Viertels spüren das, auf
der Bürgerversammlung zu diesem Thema gingen die Wogen
jedenfalls hoch. Als Oberbürgermeister würde ich mit offenen
Karten spielen und den Antragstellern erklären: «Liebe muslimische Mitbürger, ihr seid unsere Gäste, ihr dürft eure Moschee natürlich bauen, aber bitte nicht als Gegenstück zu einer
Kirche. Denn hier kommen nicht nur Fragen des Baurechts
oder der Religionsfreiheit ins Spiel. Hier ist der große Bereich
dessen betroffen, was unsere abendländische Kultur und Identität ausmacht, und beides ist nun einmal christlich geprägt.»
Unsere Werte sind aus dieser Tradition hervorgegangen, und
die Symbole dieser Tradition stehen für unsere Werte. Es geht
also nicht um Stilfragen, wenn eine Moschee als Gegenstück
zu einer Kirche gedacht ist, sondern darum, ob wir die Konkur-
renz von Symbolen zulassen wollen, wenn damit eine Konkur-
renz der Werte einhergeht. Ich wäre dagegen.

Es gibt aber noch einen anderen Grund, weshalb wir prü-
fen sollten, wie weit unser Entgegenkommen gehen darf. Die
islamische Konferenz hat sich die weltweite Islamisierung,
auch die Europas, zum obersten Ziel gesetzt, und ich kann
aus eigener Erfahrung bestätigen, dass sie damit gut voran-
kommt. Egal, wo ich mich in Afrika bewege, überall säumen
Moscheen die Straßen, oft im Abstand von wenigen Kilome-
tern, neue Moscheen zum größten Teil, in den letzten Jahren
errichtet. Da ist ein militanter Durchsetzungswille am Werk,
den wir Benediktiner in Tansania einmal aus nächster Nähe

ABTPRIMAS NOTKER WOLF

erleben konnten. Wir wurden gefragt, ob wir einer Moschee für unsere muslimischen Bauarbeiter zustimmen würden. Wir erteilten die Genehmigung, und dann stellte sich heraus, dass sie diese Moschee auf einen freien Platz innerhalb der Abtei setzen wollten. Damit waren wir nicht einverstanden. Eines Morgens wachen unsere Mönche auf, und mitten im Klostergelände erhebt sich eine halb fertige Moschee, über Nacht errichtet, die Außenwände fast bis zum Dachstuhl hochgezogen. Die Leute waren durch nichts zu bewegen, den Rohbau wieder abzureißen, wir mussten uns an die Zentralregierung wenden, und erst dem Präsidenten von Tansania (selbst ein Muslim) gelang es schließlich, den Abriss durchzusetzen.

Natürlich bin ich – auch im Fall der Münchner Moschee – dafür, nach dem Grundsatz der Religionsfreiheit zu entscheiden. Und ich beuge mich auch gern dem neuen Selbstbewusstsein, das alle Religionen weltweit in den vergangenen Jahrzehnten entwickelt haben – aus diesem Grund läuft die Begegnung unserer Missionare mit den übrigen Religionen ja längst auf einen Dialog hinaus. Aber ich möchte mich als Europäer auch nicht vom Islam überfahren lassen.

Und diese Gefahr besteht. Sie besteht so lange, wie wir den Fehler machen, unser aufgeklärtes Religionsverständnis auf den Islam zu übertragen. Wir können den Islam aber nur dann richtig einschätzen, wenn wir verstehen, dass hier Politik, Kultur und Religion untrennbar miteinander verwoben sind. Im Islam durchdringt die Religion alle Lebensbereiche. In viel höherem Maße als bei uns prägt sie die individuelle Lebensgestaltung wie die gesellschaftliche Praxis und verpflichtet die Gläubigen auch da auf ein bestimmtes Verhalten, wo der Koran sich nicht eindeutig festlegt. Ich weiß, dass es nicht immer so war. Im Mittelalter ließ der Islam dem einzelnen Gläubigen größeren Spielraum. Seinerzeit kannte die islamische Welt bedeutende Philosophen, und der Koran wurde weiter und oft metaphorisch ausgelegt. In späteren Jahrhunderten jedoch setzte sich eine wortwörtliche, «fundamentalistische» Auslegung des Korans durch, die eine geistige Weiterentwicklung verhindert hat und bis heute gegen Aufklärung resistent ist. So, wie der Islam derzeit gelehrt und gelebt wird, habe ich jedenfalls meine Zweifel daran, ob er sich mit unseren westlichen Werten verträgt, so lange zumindest, wie die islamischen Verantwortlichen nicht die Fatwa über muslimische Selbstmordattentäter und Bombenleger verhängen – zum Beispiel mit der Begründung, dass diese Art von Fundamentalismus eine schwere Beleidigung des Korans darstellt.

Es steht für uns ja nicht wenig auf dem Spiel. Wir haben viel zu verlieren und viel zu verteidigen. Es mag unterschiedliche Vorstellungen von Gerechtigkeit geben, unterschiedliche Vorstellungen von Lebensglück, auch von Wahrheit oder Moral, aber meine Freiheit würde ich Muslimen zum Beispiel ungern anvertrauen. Da gibt es grundlegende Unterschiede, die Widerstand durchaus rechtfertigen, weshalb ich jenen, die ihre Moschee einer Kirche entgegensetzen wollen, die Frage nach ihren Motiven stellen würde. Dazu ist es allerdings auch auf besagter Bürgerversammlung nicht gekommen. Dieser Punkt ist wohl zu heikel. Denn dann hätten nicht nur die Vertreter des Islams ihre Karten offen legen müssen. Dann hätten auch die Vertreter der christlichen Kultur Farbe bekennen müssen, hätten sich, mit anderen Worten, auf die christlichen Fundamente unserer Kultur berufen müssen – auf die Gefahr hin, als Fundamentalisten beschimpft zu werden. Nicht von den Muslimen. Sondern von den Multikulti-Verfechtern aus ihren eigenen Reihen.

Der Vorwurf des Fundamentalismus trifft nach meiner Erfahrung jedenfalls immer häufiger jene, die an der christlichen Tradition Europas festhalten wollen. Vor allem im politisch korrekten Milieu unserer Politiker spielt das Christentum seit

ABTPRIMAS NOTKER WOLF

geraumer Zeit die Rolle des großen Störenfrieds. Mittlerweile braucht man sich nur öffentlich zu christlichen Werten zu bekennen, um in den Verdacht der Intoleranz zu geraten. Man ist versucht, darin eine Auswirkung der Bildungsmisere zu sehen. Aber hinter der Unfähigkeit, zwischen Prinzipientreue und blindem Fundamentalismus zu unterscheiden, steckt mehr. Dahinter steht die politisch korrekte Auffassung, dass um des lieben Friedens willen jedem das Recht zustehen muss, Recht zu haben – weshalb alles stört, was die entfernteste Ähnlichkeit mit einem Grundsatz hat. Und natürlich steht nichts diesem Frieden mehr im Wege als die Normen und Werte, die sich aus dem Christentum herleiten.

Alles gleich schön, alles gleich gut, alles gleich wahr und alles gleich falsch – der Zerfall der Werte ist aus dieser Perspektive etwas überaus Wünschenswertes. Vor allem Politiker der Linken machen deshalb aus ihrer Feindseligkeit gegen das Christentum gar keinen Hehl mehr. So erschien der italienische Kulturminister Rocco Buttiglione etwa einer Mehrheit der Abgeordneten im Europäischen Parlament als Kommissar untragbar, nachdem er es gewagt hatte, sich zu seinem katholischen Glauben zu bekennen – sie lehnten ihn ab. Vielen wäre es wohl am liebsten, wenn Christen sich nichts anmerken lassen und ihren Glauben als Privatsache betreiben würden, wie ein leicht skurriles Hobby gewissermaßen. Damit verkennen sie allerdings das Wesen der Religion. Jeder Religion.

Denn Religion ist niemals Privatsache, nirgendwo auf der Welt. Schon deswegen nicht – und da bin ich mir wahrscheinlich mit allen Muslimen einig –, weil jeder Glaube das ganze Leben, das Denken wie das Handeln eines Menschen bestimmt, also auf jeden Fall die Gesellschaft prägt. Der Glaube betrifft ja alles, er betrifft die Sicht des Menschen und der Schöpfung genauso wie die Sicht der Gesellschaft oder der Politik. Man kann deshalb nicht verhindern, dass die Politik eines überzeugten Christen auf seinem Glauben aufbaut – das war bei Konrad Adenauer so, das war auch bei Robert Schuman so, einem der Begründer des vereinigten Europas. Beide haben aus ihrem christlichen Selbstverständnis heraus Politik betrieben, in einer Zeit, als das noch ohne weiteres möglich war. Heute ist das nicht mehr so einfach. Aber das ändert nichts daran, dass man sich als Christ auch in unserer Zeit zwangsläufig am Wettbewerb der Ideen zu Fragen der Gesellschaft und der Politik beteiligt, der in einer freien, multikulturellen Gesellschaft herrscht.

Nein, auf die politisch korrekte Manier werden wir auf Dauer nicht miteinander auskommen. Wir sind keine Phantome, wir leben nicht in einer Phantomgesellschaft aus blassen, windschnittigen Gesellen, wir haben unsere Überzeugungen und Grundsätze, wir haben unseren Glauben und unseren Unglauben, und was wir glauben oder nicht, das können wir dem anderen ruhig ins Gesicht sagen, freundlich und mit allem gebotenen Respekt, und immer mit der Gewissheit, dass keiner ein Recht darauf hat, Recht zu haben. Zweifellos ist es eine der Aufgaben unserer Zeit, den Zusammenprall der Kulturen vor unserer eigenen Haustür zu verhindern. Aber wir werden an dieser Aufgabe scheitern, wenn wir es weiterhin mit kultureller Selbstverleugnung versuchen. Wir müssen bereit sein, uns der Auseinandersetzung zu stellen, und der sind wir nur gewachsen, wenn wir unserer Sache sicher sind. Eine Kultur, die ihre eigenen Grundlagen verleugnet, die selbst nicht mehr so genau weiß, was eigentlich auf dem Spiel steht, ist verloren. Echte Toleranz zeigt sich in der Souveränität, mit der man Spannungen erträgt, nicht in der Bereitschaft, um des lieben Friedens willen klein beizugeben.

Wenn also vernünftigerweise kein Hindu und kein Muslim, der seine Religion für die überlegene hält, bei uns schief angesehen wird, dann bestehe ich als Christ auf derselben

ABTPRIMAS NOTKER WOLF

Freiheit. Meine Wahrheit muss dem anderen genauso zumutbar sein, wie seine Wahrheit mir zumutbar ist. Ich beleidige niemanden, wenn ich sage, dass ich das Christentum für die menschengerechteste Religion halte, weil es meinen tiefen Respekt vor allen anderen Religionen nicht mindert. Jeder darf nach seiner Façon selig werden. Was aber unsere Gesellschaftsordnung angeht – die würde ich lieber von Einflüssen freihalten, die sich mit den christlichen Werten nicht vereinbaren lassen. Und deshalb wehre ich mich gegen all jene, die es sich hoch anrechnen, den Europäern wieder ein Stück Christentum ausgetrieben zu haben.

Mein Glaube stehe der großen Harmonie-GmbH nach dem Muster der politischen Korrektheit im Wege? Ja, das stimmt. Dogmatikern stelle ich mich gern in den Weg. Da bin ich unbeugsam. Diese Freiheit beanspruche ich. Als Europäer und als Christ.

■ 15 ■ BENEDIKTINER IN AFRIKA

Ein pessimistischer Ton durchzieht die Berichterstattung über das vereinigte Europa. Der Europäischen Union fehle eine Identität, Europa sei orientierungslos geworden – das ist längst nicht mehr das heimliche Klagelied verbitterter Konservativer, das ist mittlerweile in allen Zeitungen zu lesen, in Formulierungen, die immer drastischer werden. Die bisherige Vorgehensweise der EU, hieß es November 2005 in der *Süddeutschen Zeitung* zum Beispiel, sei das Rezept für ein Desaster. Die EU brauche kaum etwas dringender als einen Konsens darüber, was sie ist, was sie will und wie sie sich in der Welt aufführt. Alle derzeitigen Probleme seien Symptome eines grundlegenden Mangels. Eines Mangels an Orientierung.

Doch wo, frage ich mich, soll diese Orientierung herkommen, wenn die Politiker Europas es nicht einmal über sich bringen, in der Präambel der europäischen Verfassung das Christentum zu erwähnen, dort, wo es um die geistigen Kräfte geht, die Europa gestaltet haben? Schämt man sich für die eigene Geschichte? Wo will man denn sonst die geistige Identität finden, die Europa braucht, um in der Welt zu bestehen? Sollen in Zukunft die Politiker die Werte bestimmen, nach denen wir uns in Europa richten können? Lebt nicht jede Gesellschaft von Normen, die sie sich nicht selbst gesetzt hat? Ich glaube, dass unsere Politiker diesen Fragen nicht mehr lange ausweichen können. Nach dem Scheitern der europäischen Verfassung bei den Volksabstimmungen in Frankreich und den Niederlanden sagte mir der italienische Senatspräsident Marcello Pera, der Einzige, der zurzeit noch Orientierung geben könne, sei der Papst. Mag sein. Doch so allein ist selbst ein Papst überfordert.

ABTPRIMAS NOTKER WOLF

Orientierungslosigkeit ist heute der Exportschlager der westlichen Gesellschaften. Für mich ist das Grund genug, weiterhin Mission zu betreiben. Das hat nichts mit Seelen-abspenstig-Machen zu tun. Für mich ist das Christentum der Weg zum Heil. Dieser Weg ist von Jesus Christus vorgezeich-net, und dieser Weg stellt meines Erachtens die Antwort auf die Menschheitsfragen dar. Zum einen, weil uns das Chris-tentum ein schöpfungsgerechtes, realistisches Menschenbild liefert. Und zum anderen, weil wir als Christen eine Autorität anerkennen, die jede Macht der Welt infrage stellt, auch die Macht des Zeitgeistes. Ich glaube, dass nur ein solcher Glaube den Menschen vor sich selbst zu schützen vermag.

So weit gingen meine Überlegungen allerdings nicht, als ich vor mehr als fünfzig Jahren den Entschluss fasste, Mis-sionar zu werden. Gerade vierzehn war ich damals, ein eif-riger Messdiener, von dem die Leute sagten: «Der Bub muss Pfarrer werden», nicht gerade auf der Suche nach dem Sinn des Lebens, aber im empfänglichen Alter. Da fand ich eines Tages auf unserem Dachboden eine dünne Broschüre. Eine Lebensbeschreibung, wie sich herausstellte – die Lebensbe-schreibung eines gewissen Pierre Chanel, der im 19. Jahr-hundert als Missionar in die Südsee gegangen war. Ich las, las immer weiter – und war fasziniert. Chanel hatte sich auf Futuna absetzen lassen, einer Insel im Pazifik, war aber dort nicht willkommen gewesen. Der Häuptling hatte ihm ledig-lich erlaubt, Kranke zu pflegen und Sterbende zu betreuen, und dann, nach wenigen Monaten, war er ermordet worden. Damit war die Geschichte indes nicht zu Ende. Ein oder zwei Jahre später nämlich trafen Mitbrüder von ihm auf dieser In-sel ein. Nichtsahnend gingen sie an Land. Und jetzt kam die Stelle, die ich so außerordentlich beeindruckend fand: Nicht nur, dass diese Mitbrüder jetzt freundlich aufgenommen wur-den. Die Inselbewohner verlangten von ihnen auch, getauft zu werden, alle miteinander – weil sie in dem Augenblick, als Pierre Chanel starb, mit einem Male verstanden hätten, was dieser fremde Mann ihnen hatte sagen wollen. So wurde die ganze Insel getauft.

Ich legte das Heft zur Seite und wusste: Das ist es! Dein Leben hat einen Sinn! Eine Aufgabe erwartet dich. Du wirst Missionar. Wie gesagt, eigentlich hatte ich gar nicht nach einem Lebenssinn gesucht. Nur gelegentlich war ich in Sorge gewesen, was aus mir werden könnte, weil ich oft krank war und manches Jahr drei bis vier Monate im Bett zubringen musste. Nun, jetzt wusste ich jedenfalls, was ich wollte: Missionar werden wie Pierre Chanel. Und ich wusste noch mehr. Ich hatte verstanden, dass man nicht erwarten darf, Erfolge müssten in kürzester Zeit sichtbar werden. Das habe ich mir damals eingeprägt und nie vergessen, und das hat mir zeitlebens eine ungeheure Freiheit in meiner Arbeit gegeben – zu wissen, dass sich der Erfolg nicht erzwingen lässt, dass er sich aber dennoch einstellen wird, ob man ihn selbst erlebt oder nicht, weil Gott ihn schenkt, zu seiner Zeit. Ich habe mir immer gesagt und sage mir bis heute: Auch wenn es scheint, als käme bei deiner Arbeit nichts heraus, und selbst, wenn du dir Fehler zuschulden kommen lässt – Gott wird für den Erfolg sorgen, da kannst du ganz beruhigt sein.

Später, als Mönch von Sankt Ottilien, habe ich gelernt, dass die Mission genau auf dieser Hoffnung beruht. Und diese Hoffnung hat die ersten Missionare, die von Sankt Ottilien aus nach Afrika gingen, zu heute unvorstellbaren Leistungen beflügelt. Die kannten keinen Erfolgszwang, die konnten scheitern und haben trotzdem weitergemacht. Die hatten einen enormen Durchhaltewillen. Die haben auch dann an den Sinn ihrer Arbeit geglaubt, wenn sichtbare Erfolge ausblieben – und waren nicht zuletzt deshalb doch erfolgreich. Für diese Leute kam es überhaupt nicht infrage aufzugeben.

ABTPRIMAS NOTKER WOLF

Und dabei sah es anfangs ganz nach einem hoffnungslosen Unterfangen aus.

Als die Abtei Sankt Ottilien 1884 in Bayern gegründet wurde, war eigentlich nur so viel klar, dass mit diesem Kloster die benediktinische Missionstradition wiederbelebt werden sollte. Im Hochmittelalter war ja die Missionstätigkeit der Benediktiner eingeschlafen, nachdem Benediktinermönche Europa in den Jahrhunderten davor zu einer kulturellen Blüte geführt hatten, und erst um 1840 tauchte die Idee auf, dieses alte benediktinische Charisma neu zu beleben. Es war die Zeit der Industrialisierung und einer rapiden Verweltlichung, und nicht wenige Benediktiner sahen damals die Ursache für die Entfremdung der Europäer vom Christentum in der Vernachlässigung unserer missionarischen Pflichten. Ein weiteres Motiv war natürlich der Wunsch, die Seelen der «Eingeborenen» in den neu gegründeten deutschen Kolonien in Afrika zu retten. Zwar waren damals schon andere Missionare in Afrika unterwegs – was es dort aber nicht gab, das waren Klöster als stabile Zentren christlichen Glaubens und christlicher Kultur. Und dafür sollte von nun an unser Orden sorgen.

Im Grunde sahen sich die Benediktiner in Afrika jetzt vor dieselbe Aufgabe gestellt wie ihre frühmittelalterlichen Vorgänger in Europa. Und sie waren genauso wenig darauf vorbereitet wie diese. Keine vier Jahre nach der Gründung von Sankt Ottilien machte sich die erste Expedition schon auf den Weg, nicht völlig plan- und ziellos, aber doch überstürzt, ohne eine Vorstellung von dem Land, ohne eine Ahnung von der Sprache. Prompt kam es zum Fiasko. Unsere Missionare gingen in Tansania an Land, hängten die Kirchenglocke, die sie dabeihatten, in einen Baum, sangen die Vesper, natürlich auf Latein, und machten sich an den Bau eines Klosters. Als Nächstes kauften sie Leute auf dem Sklavenmarkt frei, siedelten sie in der Nähe dieses Klosters an, damit überhaupt so etwas wie ein soziales Umfeld entstand, und warteten dann geduldig auf die Ersten, die eintreten wollten. Im folgenden Jahr brach ein Aufstand gegen die Europäer aus, ihre Missionsstation ging in Flammen auf, drei von ihnen wurden erschossen, die Übrigen gefangen genommen und irgendwann von Nachbarsmissionaren freigekauft. Es war ein furchtbarer Schock für Sankt Ottilien, als die Überlebenden, niedergeschlagen und verzweifelt, dort eintrafen.

Kurze Zeit später brach die zweite Expedition auf. Niemand wollte den ersten Misserfolg hinnehmen. Diese Scharte musste ausgewetzt werden. Die Neuankömmlinge gingen in Daressalam an Land und machten sich unverzüglich an die Arbeit, bauten ein neues Kloster und legten kleinere Missionsstationen an. Unglaublich, mit welcher Zuversicht diese Menschen ans Werk gegangen sind! Heute würde man sagen: unverantwortlich. Unzumutbar. Aber diese Leute kannten kein Recht auf Bequemlichkeit. Jede Zumutung erschien ihnen zumutbar und jede Schwierigkeit als Herausforderung ihres Selbst- und Gottvertrauens. Der gescheiterte erste Einsatz hatte alle darin bestärkt, dass die Arbeit in Tansania fortgesetzt werden müsste. Das Risiko schreckte keinen.

Und dieses Risiko war gewaltig. Bis zum Ersten Weltkrieg sind die meisten unserer Missionare spätestens drei Jahre nach ihrer Ankunft in Afrika gestorben. Wenn man heute über den Friedhof von Daressalam geht, sieht man ihre Gräber in langen Reihen, wie auf einem Soldatenfriedhof. Viele wurden von der Malaria und vom Schwarzwasserfieber hingerafft, andere darf man als Opfer der Ignoranz ihrer Vorgesetzten bezeichnen. Unsere Ordensoberen meinten damals nämlich, das Essen, die Kleidung, schlichtweg alles von Deutschland aus vorschreiben zu müssen; so war es den Mönchen in Afrika beispielsweise verboten, Tropenhelme aufzusetzen, weil das «unmonastisch» sei. Jeder, der nach

ABTPRIMAS NOTKER WOLF

Tansania ging, wusste also, dass er sich auf ein Himmelfahrts-
kommando einließ.

Wenn man heute ein neues Kloster gründen will, muss
von Anfang an alles geplant und abgesichert sein. Mit dieser
modernen Mentalität hätten wir seinerzeit in Afrika nicht
das Geringste erreicht. Damals ging es Hals über Kopf in ein
Abenteuer auf Leben und Tod. Die jungen Mönche wurden
noch nicht einmal gefragt, ob sie zum Einsatz in Afrika bereit
wären. Bei jedem, der in Sankt Ottilien eintrat, wurde Freiwil-
ligkeit vorausgesetzt. Wenn der Gründer unseres Klosters auf
der wöchentlichen Konferenz ein paar Namen aufrief, dann
packten die Kandidaten ihre Sachen, fuhren noch einmal nach
Hause, nahmen von ihren Eltern Abschied und saßen vierzehn
Tage später auf einem Schiff nach Daressalam. Trotzdem hatten wir in Sankt Ottilien zu keiner Zeit mehr Nachwuchs als
damals. Dieser Aufbruch im Zeichen einer guten Sache hat
viele junge Menschen begeistert, und es ist nicht zuletzt ihrem Todesmut zu verdanken, dass es heute allein in Tansania
vier blühende Benediktinerabteien gibt.

Ein Kloster entfaltet ja immer eine unglaubliche Dynamik.
Das war schon bei den europäischen Klöstern im frühen Mit-
telalter so. Ein Kloster hatte damals eine Vielzahl von Aufga-
ben, und alles, was dafür gebraucht wurde, musste von den
Mönchen zunächst einmal eigenhändig hergestellt werden.
Das fing damit an, dass sie Kirchen brauchten, also wurden
Mönche zu Baumeistern, Maurern und Steinmetzen. Dann
musste jeder Mönch vorlesen, während des Essens oder beim
Chorgebet, also brauchte man Schulen, wo den Novizen das
Lesen beigebracht wurde. Dann benötigte man Bücher, für
den Gottesdienst und das Studium, also wurden in den Skrip-
torien der Klöster Bücher kopiert. Außerdem mussten Kranke gepflegt werden, was nicht ohne Heilkräutergärten und
medizinisches Wissen ging. Strategisch geplant war da nichts.

Mönche haben stets aus der Notwendigkeit heraus gehandelt, die sich aus dem ergab, was man sich alles zum Ziel gesetzt hatte. Mit der Zeit entstanden in den Klöstern Bibliotheken, die Musik, die Malerei, die Dichtkunst blühten auf, das Wissen der Antike wurde bewahrt und weitergegeben – und so, gewissermaßen nebenbei, entstand durch die Arbeit der mittelalterlichen Mönche und Nonnen das Abendland.

Dieselben Erfahrungen haben wir dann mit unseren Klöstern in Tansania gemacht. Die gleiche Dynamik, die gleiche Ausstrahlung. Einmal etabliert, entwickelt sich ein Kloster bald zum kulturellen und wirtschaftlichen Zentrum und wirkt als Katalysator für eine ganze Region. Da werden in den abgelegensten Gegenden Brunnen angelegt, Dämme gebaut, Volksschulen gegründet und Krankenhäuser errichtet, während sich immer mehr Menschen im Umkreis dieses Klosters niederlassen. Irgendwann kommen höhere Schulen dazu, ursprünglich vielleicht nur zur Ausbildung des Ordensnachwuchses gedacht, später dann der ganzen Bevölkerung zugänglich gemacht. Und in jedem Klosterbezirk erhalten Jungen wie Mädchen eine Ausbildung, weil man ja Werkstätten und Handwerker braucht. Wie bei uns im Mittelalter wird auch in Afrika ein Kloster rasch zum Lebensmittelpunkt einer großen Gemeinschaft, weil Mönche nicht wie Entwicklungshelfer kommen und wieder gehen, ein Projekt durchführen und die Einheimischen dann wieder sich selbst überlassen, sondern bleiben, ein Teil des dortigen Lebens werden. Aus der schieren Notwendigkeit heraus erkunden sie immer neue Möglichkeiten und finden immer neue, den tatsächlichen Existenzbedingungen angepasste Lösungen.

Was ich mir darüber hinaus von unseren afrikanischen Klöstern verspreche, das ist ein Mentalitätswandel, wie er bei uns ebenfalls im Lauf des Mittelalters unter dem Einfluss der Benediktiner eingetreten ist. Ich meine damit die Einstellung zur

ABTPRIMAS NOTKER WOLF

Arbeit und zur Verantwortung. Wir versuchen, über unsere Klöster ein Verantwortungsbewusstsein zu wecken, das sich über den eigenen Familienclan hinaus auf die ganze Gemeinschaft erstreckt. Und wir tun alles, um den Menschen eine Vorstellung vom Wert der Handarbeit zu vermitteln. In vielen afrikanischen Ländern ist Handarbeit ja nach wie vor in erster Linie Sache von Frauen, zumindest auf dem Land. Es wird sicher noch eine Weile dauern, bis dieser Mentalitätswandel greift. Aber auch in Europa haben wir dafür Jahrhunderte – und sehr viele Klöster gebraucht. Immerhin, schon jetzt bilden unsere afrikanischen Abteien sehr gute Handwerker aus, und ich selbst bin an vielen Orten Tansanias Schreinern und Maurern begegnet, die bei uns ihre Lehre gemacht hatten. Meines Erachtens ist das die denkbar beste Art von Entwicklungshilfe, weil alles, was wir tun, eingebettet ist in das alltägliche Leben der Menschen.

Übrigens haben auch wir benediktinische Missionare in den vergangenen Jahrzehnten einen Bewusstseinswandel erlebt. Dieser neuen Art des Denkens bin ich erstmals als Schüler am Gymnasium von Sankt Ottilien begegnet – und habe nicht schlecht gestaunt. Mein Lateinlehrer war ein Pater, der etliche Zeit in einem nordkoreanischen Gefangenenlager gesessen hatte, und ausgerechnet dieser Mann erklärte mir, dass Bonifatius, der Apostel der Germanen, die heidnische Donareiche besser nicht gefällt hätte, weil man sich nie an dem vergreifen soll, was anderen heilig ist. Ich verstand ihn gar nicht. Wir waren doch der Meinung, den Heiden müsse man es zeigen, und hier war einer, der von den Nordkoreanern gequält worden war und sich trotzdem zum Fürsprecher nichtchristlicher Kulturen machte, ja, selbst vor der koreanischen Kultur Hochachtung empfand! Ich war einigermaßen sprachlos.

Heute gehen wir nicht mehr ganz so stürmisch ans Werk wie unsere ersten Missionare. Die Zeiten, in denen Mission ein europäisches Anliegen mit kolonialem Anstrich war, sind endgültig vorbei. Wir haben die anderen Religionen kennen und respektieren gelernt und bemühen uns heute, zusammen mit allen anderen Religionen für die Einheit der Menschheitsfamilie und für den Frieden in der Welt zu wirken. Mission ist immer noch möglich, aber nur so, dass sich keiner durch unsere Verkündigung in die Enge getrieben fühlt. Die erste missionarische Aufgabe besteht jetzt darin, unsere Botschaft sichtbar selbst zu leben. Erst wenn wir glaubwürdig sind, können wir andere überzeugen. Und das gelingt. Ich habe oft erlebt, dass unser Vorbild die anderen nachdenklich stimmt. So ging es meinem chinesischen Freund vom Religionsbüro in Changchun, als er merkte, dass es uns mit dem Krankenhaus in seiner Heimatstadt Meihekou ernst war. Dasselbe habe ich aber auch in japanischen Zenklöstern erlebt, wo mir die Mönche nach einer Weile sehr aufmerksam zugehört haben, wenn ich über Jesus sprach. Und selbst bei der Einweihungsfeier unseres Krankenhauses in Nordkorea haben sich die versammelten kommunistischen Funktionäre und Regierungsvertreter von mir erklären lassen, wie unser Engagement in ihrem Land mit unserem Glauben zusammenhängt. Das handfeste Zeugnis dieses Glaubens vor Augen, spricht niemand mehr von Indoktrination.

ABTPRIMAS NOTKER WOLF

▪ 16 ▪ WAS IN MEINER MACHT STEHT

«Notker, du machst es wie die Äbte im Mittelalter», sagte mal jemand zu mir. «Die sperrten ihre Mönche ein und gingen selbst auf Reisen.» Ich lachte und gab ihm Recht. Zur Hälfte. Eingesperrt wird heute niemand mehr, aber ich bin tatsächlich viel unterwegs; das war zu meiner Zeit als Erzabt von Sankt Ottilien schon so, und heute stimmt es erst recht. Vier Tage Kalifornien, zwei Tage Sant'Anselmo, weiter zum Jahrestreffen der indischen Oberen, als Nächstes nach Polen, Zwischenstopp in Rom, anderntags nach Spanien, vier Klöster in dreieinhalb Tagen, vierzehn Klöster in zehn – eigentlich brauchte ich meinen Koffer nie auszupacken.

Oft handelt es sich um feste Termine, um Tagungen, Kongresse, Versammlungen, auf denen ich über die Arbeit in Sant'Anselmo spreche oder über die Situation des Mönchtums rund um den Globus, auf denen Erfahrungen ausgetauscht oder Strategien entworfen werden. Bei solchen Veranstaltungen steht die Sorge um die Einheit des Ordens im Vordergrund. Und dann werde ich laufend zu einzelnen Klöstern gerufen. Da kann ich keine Reisepläne machen, weil nie vorhersehbar ist, wo es gerade brennt und wer auf einmal Hilfe braucht. Meist versuche ich dann, gleich auch noch den umliegenden Klöstern einen Besuch abzustatten. In unserem Orden kommt es eben sehr auf die persönliche Präsenz des Abtprimas an, stärker als in allen anderen Orden, weil wir Benediktiner nicht zentral organisiert sind. Da lässt sich nichts von oben regeln. Sant'Anselmo ist bestenfalls eine Koordinationszentrale, und ich selbst bin ein Chef ohne Befugnisse.

Ich finde das gut. Ich bin ohnehin kein Freund mächtiger Zentralen, die sich anmaßen, alles besser zu wissen als die Basis. Ich finde, ein Kloster sollte so viel Entscheidungsfreiheit wie möglich haben – das regt die Kreativität an und stärkt das Verantwortungsbewusstsein. Natürlich braucht man Zusammenschlüsse, um größere Aufgaben bewältigen zu können. Deshalb sind unsere Klöster weltweit in zwanzig Kongregationen zusammengeschlossen, die die Selbständigkeit der Einzelklöster nicht einschränken, aber die Kooperation erleichtern. So bewahrt sich jedes Kloster seine eigene Identität, und gleichzeitig lassen sich übergeordnete Ziele erreichen, weil die Solidarität und das Verantwortungsbewusstsein stark genug ausgeprägt sind. Auch wenn es manchmal scheinen mag, als läge ein himmelweiter Unterschied zwischen dem Kloster einer bayerischen und einer französischen Kongregation – das verbindende Element, die benediktinische Regel, erzeugt einen Gemeinschaftsgeist, der stärker als alle nationalen oder historisch gewachsenen Unterschiede ist. In diesem Geist lassen sich große Projekte angehen, auch ohne zentralisiert zu sein.

Als Abtprimas kann ich unseren Klöstern also nicht hineinreden, und ich will es auch gar nicht – die Unabhängigkeit unserer Gemeinschaften ist ganz in meinem Sinne. Aber ich kann die Erfahrungen weitergeben, die ich mit Klöstern in aller Welt gesammelt habe. Ich kann Rat erteilen, ich kann neue Ideen ins Spiel bringen, ich kann Hilfe zur Selbsthilfe leisten, wenn ein Abt oder eine Äbtissin nicht mehr weiterweiß, und ich kann den Verantwortlichen oft eine Vorstellung von ihren Möglichkeiten geben, die über ihre eigenen Erfahrungen weit hinausreicht. Aber das geht nicht am Telefon. Neue Wege muss man gemeinsam suchen. Dafür muss ich hinfahren, dafür müssen alle überlegen, was zu tun wäre, dafür muss jeder das Gefühl haben, mit seinem eigenen Kopf, mit seinen eigenen Händen zur Lösung beitragen zu können. Und wenn hinterher dabei herauskommt, dass es für die Klosterkasse das Beste wäre, Ikonen zu malen und Lämmer zu halten und

Käse herzustellen, dann ist damit nicht nur die Überlebens-
frage geklärt, dann haben auch die Verzagtesten neuen Mut
geschöpft, weil solche Projekte das Gemeinschaftsleben ungeheuer beleben. Dann sprudeln die Gedanken, dann sprü-
hen die Ideen, und aus einem niedergeschlagenen Häufchen
wird eine Gemeinschaft, deren Optimismus ansteckend wirkt.

Manchmal geht es ja um ganz praktische Belange. Das Schicksal eines Klosters hängt eben auch von seinem wirtschaftlichen
Erfolg ab, und außerdem braucht jeder innerhalb der Gemeinschaft eine sinnvoll Arbeit. Aber das ist mein geringstes Problem, auf diesem Gebiet sind unsere Brüder und Schwestern
normalerweise sehr erfinderisch. Da haben sich in Nordirland
beispielsweise fünf Mönche niedergelassen, vier Franzosen
und ein Ire, die haben alle wohlgemeinten Ratschläge der Leute in den Wind geschlagen und eine Kerzenfabrikation auf-
gezogen. Und siehe da, ihr Kloster floriert. Die evangelischen
Presbyterianer haben diese Kerzen als Erste entdeckt, für ihre
Taufen, Trauungen und Beerdigungen, und mittlerweile kommen die fünf mit der Arbeit nicht mehr nach. Das mag auch
mit der Faszination zu tun haben, die vom Mönchtum immer
noch ausgeht. Da gibt es eine kleine Gruppe von Menschen,
denen fällt nichts Besseres ein, als den halben Tag lang Gott zu
loben und zu preisen und den Rest des Tages zu arbeiten – das
ist ja auch etwas Erstaunliches. Und da sie obendrein für den
Frieden in Nordirland beten, sind sie für viele Menschen zu
einem Zeichen der Hoffnung geworden.

Gelegentlich erlebe ich sogar, dass ein Kloster zu erfolgreich ist. Vor nicht langer Zeit wurde ich von der Äbtissin einer
Abtei in Irland gerufen. Diese Abtei war ein kleines Schloss,
das Geschenk eines Landadligen, sehr hübsch, mit einem
botanischen Garten dahinter, ein Kleinod in einer Sumpfge-
gend, nur – der Nachwuchs blieb aus. Die Äbtissin war ratlos.
Eigentlich hatte sie es nämlich klug angestellt. Das Museum,

das sie in der unteren Hälfte des Schlosses eingerichtet hatte, brachte dem Kloster eine Million Euro im Jahr. Trotzdem drohte es zu sterben. Was war der Grund? Ich brachte das Unbehagen zur Sprache, das mich gleich nach meiner Ankunft befallen hatte. «Mutter Äbtissin», sagte ich zu ihr, «seien Sie mir nicht böse, aber auch ich könnte unmöglich in einem Museum leben. Welche Nonne will sich denn inmitten einer Heerschar von Touristen wiederfinden, sobald sie den Fuß vor die Türe setzt?» Es wimmelte da nämlich von Touristen, und die Nonnen lebten wie auf dem Präsentierteller. «Wissen Sie was?», sagte ich. «Machen Sie doch das gesamte Schloss zum Museum, und setzen Sie ein neues, kleines Haus hinter Ihren wunderschönen Garten, und nehmen Sie das als Kloster.» Es ist halt immer so: Ein Ort, an dem man meditieren und beten will, der muss eine bestimmte Aura haben. Deshalb habe ich bei Klosterneubauten den Architekten auch immer gesagt: Baut so schön, dass die Mönche nicht mehr wegwollen. Dass die Beharrungskräfte über die Fliehkräfte siegen.

Die Vitalität von Klöstern ist aber selten durch solche äußeren Einflüsse gefährdet. Das Hauptproblem ist die innere Erstarrung. Klöster können ihren Daseinszweck verfehlen, wenn Menschen, vor allem junge Menschen, dort nicht mehr ihre Ideale verwirklicht sehen. Das Klosterleben ist ja der Versuch, ein sinnvolles Leben zu führen. Im Kloster muss man das, was Kirche eigentlich ist, an jedem Tag, zu jeder Stunde erfahren. Das gemeinsame Mahl, das gemeinsame Gebet, das gemeinsame Gotteslob, dieser ganze lebendige religiöse Realismus, der die Gegenwart Gottes als selbstverständlich annimmt, das macht die Stärke des Mönchtums aus. Und bisher hat sich immer gezeigt, dass die Kraft zur Besinnung und zur Korrektur aus den eigenen Reihen kam, wenn der Zeitgeist einmal triumphiert hat. Einzelne Klöster können gleichwohl in die Krise geraten, denn eine Gemeinschaft ist immer etwas Zerbrech-

ABTPRIMAS NOTKER WOLF

liches. Sie funktioniert nie automatisch. Und wenn einem Kloster der lebensspendende Atem ausgeht, gehen Mönche schnell in die innere Emigration oder verlassen das Kloster ganz.

Das Zentralproblem in den traditionellen Klöstern ist heute, dass zu wenig miteinander geredet wird. Bisweilen heißt es dann, die Atmosphäre der Stille in einem Kloster solle nicht gestört werden, dabei haben die Mönche dort nur verlernt, wie man miteinander im Gespräch bleibt. Aber welcher junge Mensch möchte in eine Gemeinschaft eintreten, in der er sich mit niemandem über seine Fragen und Probleme austauschen kann? Wenn einer den anderen nur noch anschweigt, dann stauen sich mit der Zeit Unterstellungen und Verdächtigungen an, und am Ende glaubt einer womöglich noch, er hätte eine Veranlagung zum Eremiten, bloß weil er die anderen nicht mehr sehen kann. Wenn es mir gelingt, in einer Gemeinschaft die Gesprächsbereitschaft zu wecken und die Kommunikation in Gang zu bringen, dann ist das größte Problem eines Klosters oft schon gelöst.

Zudem geschieht es heute viel eher als früher, dass ein Abt sich überfordert fühlt. In der Vergangenheit durften sich Äbte ja wie kleine Fürsten fühlen, sie hatten uneingeschränkte Autorität und konnten sich auf den Gehorsam ihrer Mönche blind verlassen. Innerhalb der Klostermauern waren Äbte früher Alleinherrscher. Das hat sich in den letzten vierzig Jahren grundlegend geändert. Äbte müssen heute geistliche Väter ihrer Gemeinschaften sein, müssen auf die Mönche zugehen, müssen ihnen Freiheit einräumen, müssen sie gewinnen können. Es reicht nicht mehr, vom Schreibtisch aus Vorschriften zu erlassen. Die Menschenführung in den Klöstern ist sehr viel schwieriger geworden. Sie verlangt eine ganz andere Art von Autorität, und nicht wenige meiner Gespräche mit Äbten und Äbtissinnen drehen sich um dieses Thema.

■ 16 ■   WORAUF WARTEN WIR?

Wenn es um die Sanierung eines Klosters geht, richte ich mein Augenmerk aber zuallererst auf die Gemeinschaft. Wie ist es um die bestellt? Welcher Umgang herrscht untereinander? Man spürt ja rasch, wenn da etwas im Argen liegt, die Signale müssen gar nicht so deutlich ausfallen wie bei einem meiner letzten Besuche in Irland, als ich an einem heißen Sommertag vergeblich darauf wartete, dass die Priorin eines Klosters mir etwas zu trinken anbot. Wir saßen schon eine geraume Weile im Refektorium beisammen, nichts tat sich, und ich überlegte: Sollst du deinen Ärger herunterschlucken? Das wäre die eine Möglichkeit. Oder sollst du sie anschnauzen? Das wäre die zweite Möglichkeit. Und dann gab es noch eine dritte Möglichkeit. Für die entschied ich mich. Ich sagte schmunzelnd: «Wenn Sie mir jetzt ein Glas Wasser bringen, liebe Schwester Priorin, dann begegnen Sie Jesus.» Sie stand auf und kam mit einem kleinen Glas Wasser zurück. Da musste ich es noch einmal mit der dritten Möglichkeit versuchen. «Wenn Sie mir jetzt noch ein Glas Wasser bringen», sagte ich, «dann begegnen Sie Jesus ein zweites Mal.»

Hier lebte man also offenbar aneinander vorbei. Kann ich daran etwas ändern? Möglicherweise nicht. Aber den Versuch ist es allemal wert. Ich habe nämlich die Erfahrung gemacht, dass man auch in hoffnungslosen Fällen etwas erreichen kann, wenn man Menschen mit unerschütterlichem Verständnis, das heißt so vorbehaltlos und unbefangen wie möglich entgegentritt. Fast immer gelingt es dann, in Menschen und Verhältnissen doch noch ein positives Potenzial zu entdecken, so verborgen es auch sein mag. Wenn man so vielen unterschiedlichen Charakteren, Mentalitäten und Kulturen begegnet wie ich, bleibt einem auch gar nichts anderes übrig, als in der unbeirrbaren Erwartung aufeinander zuzugehen, einen Anknüpfungspunkt zu finden. Auf jeden Fall ist es klüger, sich mit bescheidenen Ergebnissen zufrieden zu geben, als zu versuchen,

ABTPRIMAS NOTKER WOLF

den anderen mit Gewalt auf Linie zu bringen. Das gelingt nie. Wenn es um konkrete Lösungen geht, ist es natürlich das Beste, man hat es nicht allein mit einer einzigen widerspenstigen Person zu tun, sondern findet noch zwei oder drei andere, die eigene Ideen beisteuern können. Meiner Erfahrung nach sind es dann oft die jungen Leute, denen immer noch etwas einfällt, wo die älteren längst resigniert haben.

Natürlich ist Lebenserfahrung wichtig. Ein Abtprimas sollte selbst schon durch alle Höhen und Tiefen gegangen sein. Die wichtigste Bedingung für den Erfolg aber ist die persönliche Einstellung zur eigenen Autorität. Meine Wirkung hängt ja entscheidend davon ab, wie frei ich von mir selbst geworden bin. Auf Distanz zu sich selbst, zu seiner eigenen Autorität gehen, das ist die Voraussetzung für Souveränität. Bei einem souveränen Menschen darf die eigene Person also gar keine Rolle mehr spielen. Sich selbst nicht mehr wichtig zu nehmen, das hilft ungemein, die Dinge richtig einzuschätzen, seine Kräfte gezielt einzusetzen, die nötige Geduld aufzubringen und, wo es sein muss, auch großes Durchhaltevermögen zu beweisen. Man kann nichts übers Knie brechen. Man findet sich besser damit ab, den Charakter eines Menschen nicht ändern zu können. Die «Chemie» muss stimmen, wie man heute sagt? Das muss sie nicht. Man kann immer eine Gemeinsamkeit finden, auch wenn zwei noch so verschieden sind. Die Distanz zu sich selbst, das ist der Schlüssel zu einem erfolgreichen Dienst.

Das größte Kapital eines Menschen, der das verstanden hat, ist sein Erfahrungsschatz. Und er kann mehr als andere damit anfangen, weil der Großteil seiner Erfahrungen positiv ist, ermutigend und manchmal beglückend. Ermutigende Erfahrungen reproduzieren sich laufend (wie entmutigende auch) – und bewahren einen Menschen in heiklen Situationen davor zu kapitulieren. Mir ist das auf meiner letzten Mexikoreise wieder bewusst geworden. Sie hatte mich zu einem großen Kloster in der Nähe von Mexiko-Stadt geführt, das nach dem Tod seines Gründerabts in eine Krise geraten war. Sein Nachfolger war zurückgetreten, und nun traf ich dort nur einen Administrator an, der die provisorische Leitung des Klosters übernommen hatte. Dieser Mann war in den nächsten Tagen mein ständiger Begleiter.

Der verstorbene Abt war ein ungemein rühriger Mann gewesen. Es war kaum zu glauben, was er alles ins Werk gesetzt hatte. Diesem mexikanischen Kloster war eine riesige Schule mit mehreren tausend Schülern angeschlossen, es gab hier einen landesweit gerühmten Theatersaal für 1500 Leute, vom Nationalorchester als Probenraum genutzt, dann war eine Universität in Planung, und in der Nähe befand sich ein großes Gelände, das dieser Gründungsabt einst gekauft und kirchlichen Einrichtungen zur Verfügung gestellt hatte. Dort war inzwischen ein kleiner Vatikan entstanden, mit den Niederlassungen von einem halben Dutzend Orden, dem Sitz der mexikanischen Bischofskonferenz und einem Priesterseminar. An dieses Erbe traute sich nun keiner so recht heran, da waren Fähigkeiten verlangt, die sich nur selten in einer Person vereinigen. Das machte allen Beteiligten Kopfzerbrechen; auch dem Administrator war angesichts der Aufgabe, die er übernommen hatte, mulmig. Ich nahm mir Zeit. Stundenlang, tagelang redeten wir miteinander, der Administrator und ich, und beim Abschied sagte er mir: «Notker, ich bin dir unendlich dankbar. Ich habe in den letzten Tagen so viel gelernt wie noch nie in meinem Leben.»

In unseren Gesprächen war es vor allem um Führungsqualitäten gegangen. Diese Führungsqualitäten haben nichts mit Zauberei zu tun, aber sie sind auch nicht in Seminaren oder Lernprogrammen zu vermitteln. Meines Erachtens geht das nur im Dialog, durch gemeinsames Lernen. Man muss ins Gespräch kommen – lange Überlandfahrten eignen sich wunderbar dazu – und dann einfach über die Dinge reden. Ein solcher Erfahrungsaustausch braucht seine Zeit, weil er einen selbst genauso wie den anderen dazu herausfordert, über Aspekte und Umstände nachzudenken, die man bis dahin nicht bedacht hat. Solche Gespräche haben also nicht die geringste Ähnlichkeit mit einem systematischen Unterricht, aber sie rütteln den Verstand wach, sie bringen Gedanken ins Rollen, sie eröffnen der Betrachtung ein immer weiteres Feld, und plötzlich geht einem ein Licht auf. In Gesprächen ergeben sich eben ständig Situationen, die man für sich allein niemals erlebt hätte, und der eigene Erfahrungsschatz besteht nicht zuletzt aus den Ergebnissen dieses unablässigen Gedanken- und Erfahrungsaustausches.

Und schließlich muss einer, der in dieser Weise als «Coach» arbeitet, auch ein beträchtliches Einfühlungsvermögen besitzen. Alles Wissen ist ziemlich wertlos, wenn man sich nicht in die Lage des anderen hineinzuversetzen vermag, wenn man nicht so tun kann, als ob man sich gerade in dessen Situation befände. Die Voraussetzung dafür ist selbstverständlich wiederum, selber viel erlebt zu haben – wobei diese Erfahrungen eben nicht zuletzt aus zahlreichen Gesprächen erwachsen. Deshalb ist es zum Beispiel gar nicht ausgeschlossen, dass sich ein Abtprimas als Ehevermittler bewährt. Auch so etwas kommt vor.

Ich traf sie gegen Mitternacht vor dem Tor von Sant'Anselmo. Ihr Wagen blockierte die Einfahrt. «Wir fahren gleich weiter», sagte der Mann. Sie waren nett, und wir kamen ins Gespräch. Da meldete sich die junge Frau und fragte: «Kann man hier eigentlich heiraten?» – «Ja, schon. Aber nicht um diese Uhrzeit», entgegnete ich, gab den beiden die Telefonnummer unserer Pforte, verabschiedete mich und bereitete am anderen Morgen unseren Hochzeitschef darauf vor, dass ein junges

Paar anrufen könnte. Drei Tage später hörte ich von ihm, dass sie gerne mich als Hochzeitspater hätten, aber zum vorgesehenen Termin war ich verreist. Damit war der Fall für mich erledigt.

Ein halbes Jahr später – es war schon spät, ich saß noch mit Studenten zusammen – meldete mir jemand ein Paar, das mich unbedingt sprechen wolle. Ich ging zur Pforte und erkannte die beiden vom Tor wieder. Ich bat sie herein. Sie hatten sich heillos zerstritten, und von Hochzeit war nicht mehr die Rede. Bis ein Uhr in der Früh saßen wir beisammen. Ich hatte das Gefühl, dass nichts mehr zu retten war. In Anbetracht der späten Stunde verabschiedete ich sie; mein Flugzeug in die USA sollte vier Stunden später gehen, und ich musste noch den Koffer packen. «Kommt halt wieder, wenn ich zurück bin», bot ich ihnen an. Und prompt standen sie am Tag meiner Rückkehr abends wieder vor der Tür.

«Weshalb wendet ihr euch eigentlich immer wieder an mich?», wollte ich wissen. «Wir haben niemanden sonst, mit dem wir offen reden könnten», sagten sie. Dann erfuhr ich die Lebensgeschichte des Mannes. Er war von seinem Vater verstoßen worden und auf der Straße groß geworden. Sein ganzes Leben lang hatte er sich durchbeißen müssen. Jetzt war er Controller in einer Firma, hatte sogar eine Eigentumswohnung erworben und hoffte, endlich das Lebensglück genießen zu können. Und nun kam er mit seiner Verlobten nicht mehr zurecht. Sie habe überhaupt kein Selbstbewusstsein, keine Identität, keine Lebensziele, alles drehe sich bei ihr um die Familie, alles werde im Familienkreis besprochen und abgestimmt – echt römisch eben. Ihm, dem Raubein, ging ihr «Duckmäusertum» jedenfalls furchtbar auf die Nerven. Schließlich hatte er von ihr verlangt, mit ihrer Familie zu brechen. Was natürlich auch nicht ging.

Ich bat ihn, mich mit der jungen Frau allein zu lassen. Nach einer weiteren Stunde sagte mir mein Verstand: Aus den beiden wird nie etwas. Ich muss ihnen raten, sich zu trennen. Verstehen werden die sich nie. Gottlob habe ich nichts dergleichen geäußert. «Schau», habe ich stattdessen der jungen Frau gesagt, «jetzt ist der Zeitpunkt gekommen, an dem du dich selbst entscheiden musst. Nicht ich kann diese Entscheidung für dich treffen, und deine Familie kann das auch nicht. Du musst wissen, ob du deinen Freund wirklich willst. Und wenn du ihn liebst, dann musst du alles tun, um ihn zu kriegen.» Er war unterdessen draußen auf und ab marschiert, die Zigarette in der Hand. Sie fuhren mit dem Auto davon. Jetzt ist es aus, dachte ich.

Drei Monate später kamen sie in Sant'Anselmo vorbei, auf dem Motorrad. Ich hatte die beiden ganz anders in Erinnerung. Sie wirkte unternehmungslustiger und energischer, er war liebenswürdiger und aufmerksamer als sonst. Nach unserem letzten Gespräch hatten die beiden tatsächlich zwei Ehekurse beim Vikariat in Rom absolviert. Jetzt waren sie wie verwandelt. Ob ich sie trauen würde?, fragten sie mich. Ja, diesmal ging's. Zufällig hatte ich den Termin, den sie sich ausgesucht hatten, noch frei. Und nach der Trauung gab es ein Fest, draußen, am Strand von Anzio. Ich musste natürlich mit. Beide waren rührend. Sie hatten ständig ein Auge auf mich, sorgten für Gesprächspartner, stellten mir ihre ganze Verwandtschaft vor. Nachts um halb zwei wurde die Hochzeitstorte angeschnitten, später habe ich auf ihren Wunsch hin noch ein paar Stücke auf meiner Rockgitarre gespielt. Alle waren in Hochstimmung, und als ich gegen drei Uhr morgens wieder in Sant'Anselmo anlangte, war ich fast so glücklich wie sie. Seither besuche ich die beiden manchmal, wenn mein Terminkalender es zulässt. Und mindestens zweimal im Jahr sehe ich sie auch in Sant'Anselmo wieder – unter den Gottesdienstbesuchern der Christmette und der Osternacht.

■ 16 ■ WORAUF WARTEN WIR?

■ 17 ■ TRAUEN WIR UNS!

Mitte der achtziger Jahre bekam ich eine erste Ahnung davon, was mit der Globalisierung auf uns zukommen könnte. Damals mehrten sich die Anzeichen dafür, dass chinesische Firmen dabei waren, europäischen und amerikanischen Unternehmen in Afrika den Rang abzulaufen. Ich spreche nicht vom Siegeszug chinesischer Billigwaren, von Kaffeetässchen oder Glühbirnen oder Plastikbehältern «made in China» – die hatten damals längst alle afrikanischen Märkte erobert, und in den suahelisprachigen Ländern wusste jeder, was mit dem Wort «kichina» gemeint war, nämlich der ganze spottbillige Krimskrams aus Fernost. Nein, das nicht. Aber immer häufiger waren es chinesische Vertragsfirmen, die in Afrika die Straßen bauten. Unbefestigte Überlandstraßen zunächst, dann asphaltierte Highways, später auch autobahnartige Ringstraßen in Millionenstädten. Und immer häufiger waren es chinesische Ölfirmen, die afrikanische Ölvorkommen erkundeten und ausbeuteten. Chinesische Unternehmen waren mit einem Mal vielerorts in Afrika präsent. Mich wunderte das nicht. Auf meinen Chinareisen konnte ich mich ja mit eigenen Augen davon überzeugen, wie schnell dieses Land wirtschaftlich aufholte.

Heute beliefert China die westliche Welt mit Hightech-Produkten, tätigt enorme Investitionen in Amerika und Europa und beteiligt sich als Konkurrent der alten Industrieländer am Wettlauf um Energiequellen und Rohstoffe. Was in der Vergangenheit durch Joint Ventures an Know-how ins Land geholt wurde, wird in ungeheurem Tempo von chinesischen Ingenieuren und Wissenschaftlern weiterentwickelt. In zehn, spätestens fünfzehn Jahren werden chinesische Autos den Vergleich mit europäischen aushalten. Und in absehbarer Zeit

wird Indien als Mitbewerber dazustoßen. Ein Drittel der Welt-
bevölkerung wird dann Anspruch auf einen Lebensstandard
erheben, der bisher ein Privileg des Westens war.

Ich sehe einen globalen Wettbewerb auf uns zukommen,
der uns aus allen Träumen reißen wird. Im globalen Dorf der
absehbaren Zukunft wird ein gnadenloser Wettbewerb herrschen. Unsere wirtschaftliche Vormachtstellung wird nicht zu
halten sein, ja, Europa könnte der Sturz in die Bedeutungs-
losigkeit bevorstehen. Auf jeden Fall werden wir, auch in
Deutschland, die Erfahrung machen, dass keiner einen Anspruch darauf hat, verschont zu werden, dass man sein Recht
auf Glück nirgendwo einklagen kann, dass keine Macht der
Welt unseren Wohlstand mehr zu garantieren vermag. Keine
Regierung wird mit den alten, bewährten Methoden die dras-
tischen Folgen der Globalisierung abwenden können, kein Re-
gierungswechsel wird uns den alten, goldenen Zeiten wieder
näher bringen. Neue Kräfte kann man nur mobilisieren, wenn
man der Wahrheit ins Gesicht sieht, und eigentlich müssten
unsere Politiker eingestehen, dass sie uns nichts anderes
mehr versprechen können als einen sehr vagen Lohn für Anstrengungen, die uns mindestens Schweiß und Tränen kosten
werden.

Für die deutsche Politik bleibt meiner Ansicht nach genug
zu tun. Das Know-how ist unser Kapital; unser Staat wird deshalb nicht umhin kommen, viel mehr als bisher in Bildung
und Forschung zu investieren. Und er wird Rahmenbedin-
gungen dafür schaffen müssen, dass Forschungsergebnisse
rasch umgesetzt werden können und Investitionen Früchte
tragen. Und dann sollten wir in Europa viel stärker auf eine
Einheit hinarbeiten. Wir brauchen ein starkes Europa mit
genau geklärten Kompetenzen, ein Europa der Regionen
vielleicht, in dem die Vielfalt der kulturellen Identitäten zum
Tragen kommt und gleichzeitig politisch wie wirtschaftlich

noch enger zusammengearbeitet wird. Im Grunde wäre es wohl sinnvoll, ganze Weltregionen in Staatenverbänden zusammenzufassen, weil viele der anstehenden Probleme nationalstaatlich gar nicht mehr zu bewältigen sind. Diesen internationalen Zusammenschlüssen würde es beispielsweise auch leichter fallen, sich untereinander auf eine Rechtsordnung zu verständigen, die die Ausbeutung durch wenige multinationale Großkonzerne verhindert. Die Politik muss sich ja etwas einfallen lassen, damit die Wirtschaft nicht irgendwann allein die Spielregeln bestimmt, und ein globaler Gesetzesrahmen erscheint mir als erstrebenswertes Ziel einer europäischen Politik der Zukunft.

Genauso werden wir uns selbst umorientieren müssen. Ich glaube, dass wir uns unserer Freiheit ganz neu bewusst werden müssen. Aber es wird wohl auch noch etwas anderes von uns verlangt. Ich könnte mir denken, dass wir den ganzen geistigen Reichtum Europas, der in den letzten Jahrzehnten unter die Räder eines blinden kommerziellen Hedonismus geraten ist, der von einer oberflächlichen Fun- und Popkultur verschüttet worden ist, neu entdecken müssen, weil jeder von uns vor die Herausforderung gestellt sein wird, einen Lebenssinn unabhängig von Besitz, Wohlstand und Spaßbädern zu finden. Wir werden uns wieder fragen müssen: Was ist das Wesentliche? Worauf kommt es im Leben an? Mit welcher Lebenseinstellung kann ich auch schwere Zeiten überstehen? Ich bin jedenfalls sicher, dass uns die Zukunft größere Kreativität abverlangen wird, was nichtmaterielle Ziele angeht.

Wir werden die Entwicklung der nächsten Jahre und Jahrzehnte wahrscheinlich als ärgerliche Beeinträchtigung unseres Glücks erleben. Die Unzufriedenheit wird zunehmen, zunächst jedenfalls. Wir werden lernen müssen, Verzicht zu üben. Trotzdem bin ich zuversichtlich. Nicht nur, weil ich Wettbewerb grundsätzlich für gesund halte, sondern vor allem

ABTPRIMAS NOTKER WOLF

deshalb, weil Verzicht die Kreativität beflügelt. Es ist immer die Beschränkung, die erfinderisch macht und ungeahnte Kräfte freisetzt. Wir werden Auswege finden, die uns niemals eingefallen wären, wenn es mit der satten Mürrischkeit der Konsumgesellschaft so weitergegangen wäre. Erinnern wir uns nur an die Zeit der Ölkrise in den siebziger Jahren. Zuerst brach ein großes Lamento aus, und in kürzester Zeit hatten wir uns umgestellt und an die Situation gewöhnt. Und nicht nur das. Wirtschaftlich hat uns die Ölkrise sogar weitergebracht. Vielen Firmen gelang der Durchbruch mit ökologischen Neuerungen, eine ganz neue Industrie entwickelte sich aus dem Zwang, unsere Lebensgewohnheiten umzustellen. Energiesparen und Wärmedämmung waren das Gebot der Stunde, und plötzlich wurden die Einschränkungen nicht mehr als schmerzlicher Verzicht empfunden, sondern als Bedingung für ein vernünftiges und gesundes Leben.

Ich glaube, dass wir verwundbar sind, wenn es uns zu gut geht. Aber wir sind durchaus fähig, unter härteren Bedingungen das Beste aus uns herauszuholen. Ich weiß nicht, wie ein gutes Leben in Zukunft aussehen wird. Ich weiß nur, dass Leistung, Einfallsreichtum und Eigenverantwortung in vielen Lebensbereichen eine größere Rolle spielen werden. Natürlich hängt unser Wohlergehen im globalen Wettbewerb von vielen Faktoren ab, aber es wird nicht weniger, sondern mehr als bisher auf den Einzelnen ankommen. Wir werden künftig sehr viel stärker auf Eigeninitiative setzen müssen. Wir werden uns als Unternehmer unseres eigenen Lebens verstehen müssen. Und von den Politikern werden wir nur noch eines erwarten dürfen: dass sie alles tun, damit sich unsere Anstrengungen auch tatsächlich lohnen.

Bisher gipfelte unsere Vorstellung von einer humanen Gesellschaft in der Hoffnung auf ein Leben ohne Risiko. Sicherheit für alle, Gleichheit für alle. Und unsere Politiker haben kein Gesetz, keine Vorschrift, keinen Erlass gescheut, uns diesen Traum zu erfüllen. Wo immer Politik gemacht wird, hagelt es Verbote. Bauarbeiter mit nacktem Oberkörper an einem sonnigen Sommertag? Verboten, sagt die EU, lebensgefährlich! Lehrer, die auf einem Schulfest oder einer Klassenfahrt ein Bier trinken, eine Zigarette rauchen? Verboten, sagt die Landesregierung von Nordrhein-Westfalen, lebensgefährlich und obendrein verantwortungslos! Und Ärzte, die Operationen durchführen, sollten gute Rechtsanwälte haben. Nur kein Risiko! Das dachten auch meine Mitschüler, wenn wir Fußball spielten. Weil ich ein schlechter Fußballer war, wurde ich grundsätzlich in die Verteidigung gesteckt. Und wenn tatsächlich mal ein Ball auf mich zukam, wurde er mir prompt von einem meiner eigenen Leute in letzter Sekunde vom Fuß geholt, aus Angst, ich könnte den Schuss vermasseln. Wie hätte ich lernen sollen, einen Ball anzunehmen und weiterzuspielen?

Der fürsorgliche Staat braucht gehorsame, resignierte, verzagte, also entmündigte Bürger. Er ist keineswegs weniger autoritär, als es der deutsche Staat vor 68 gewesen ist, er hat nur die Maske gewechselt – statt des strengen väterlichen Gesichts zeigt er jetzt das milde Antlitz einer Mutter, die nur das Beste für ihre Kinder will. Und man kann diesem Staat nicht einmal vorwerfen, dass er das Versprechen der Fürsorglichkeit nicht einlösen würde. Er kümmert sich unermüdlich. Er trifft Vorsorge für wirklich alles. Nur eins käme dem mütterlichen Staat bei seinem ganzen Beglückungseifer nie in den Sinn: seine Bürger in die Freiheit zu entlassen. Diese Freiheit müssen wir zurückgewinnen. Wir müssen sie zurückgewinnen, weil wir künftig weitgehend uns selbst überlassen sein werden. Unser Lebensglück wird dann entscheidend davon abhängen, dass wir uns unserer Kraft, unserer Möglichkeiten und unserer Verantwortung bewusst sind. Mit anderen Worten: dass wir

ABTPRIMAS NOTKER WOLF

aus der Erfahrung unserer eigenen Freiheit heraus den bevorstehenden Wandel der Lebensverhältnisse mitzugestalten vermögen.

Darin liegt unsere Chance. Und ich bin zuversichtlich. Ich habe nicht die Sorge, wir könnten in die Barbarei zurückfallen, sobald der Staat die Zügel lockert. Die allfällige Warnung vor der Ellbogengesellschaft halte ich für einen Propagandatrick von Politikern, die sich an ihre moralische Richtlinienkompetenz klammern. Und was die Wirtschaft angeht – da bin ich überzeugt, dass auf lange Sicht nur ein humanes Management erfolgreich sein kann. Ein rein gewinnorientiertes Management zerstört nämlich das Arbeitsklima, es untergräbt die Motivation der Mitarbeiter und mindert deren Leistung. Eine menschengerechte Unternehmenskultur ist also im Sinne jeder Firmenleitung.

Wie sieht ein humanes Management aus?

Es gibt für mich ein Vorbild dafür, und dieses Vorbild wird in der Regel Benedikts entworfen. Mir ist selbstverständlich klar, dass sich dieses Vorbild nicht ohne weiteres auf Unternehmen übertragen lässt – ein Kloster ist zwar ein Wirtschaftsbetrieb, aber eben weit mehr als das. Trotzdem kann man der benediktinischen Regel entnehmen, worauf es bei einer menschengerechten Unternehmenskultur ankommt, und seine Schlussfolgerungen für die Gegenwart daraus ziehen. Denn abgesehen davon, dass ein Abt wirtschaftlich denken und handeln muss, ist er nach dem Willen Benedikts für ein menschliches Klima im Kloster verantwortlich, also für Arbeits- und Lebensbedingungen, unter denen die Mönche ihre besten Kräfte entfalten können, und Benedikt führt dem Abt sehr eindringlich vor Augen, was das im Einzelnen bedeutet. Für mich ergeben sich aus diesen Anweisungen bis heute gültige Antworten auf die Frage, wie man als Vorgesetzter Effizienz und Menschlichkeit miteinander verbinden kann.

Zum einen stattet Benedikt den Abt mit großer Autorität aus. Der Abt muss die Regel interpretieren, er muss sie auf die jeweilige Situation, auf den jeweiligen Einzelfall anwenden, also braucht er Ermessensspielraum und Entscheidungsgewalt. Der Grund für seine unbestreitbare Autorität liegt letztlich darin, dass er im Kloster die Stelle Christi einnimmt – Benedikt lässt also nicht den geringsten Zweifel daran, wer das letzte Wort haben muss. Aber auch Äbte sind Menschen, und Benedikt sieht durchaus die Gefahr, dass dem Abt sein Stellvertretertum zu Kopfe steigt. Deshalb erinnert er den Abt unaufhörlich daran, welche Gewissenhaftigkeit, welches Feingefühl, welcher Gerechtigkeitssinn von ihm gefordert ist, schärft ihm lieber einmal zu viel als zu wenig ein, dass er am Tag des Jüngsten Gerichts dafür wird geradestehen müssen, dass seine Mönche wirklich gefunden haben, was sie im Kloster suchten. Wenn man liest, wie Benedikt die Aufgabe des Abts versteht, begreift man plötzlich, was wahre Autorität ist – nämlich eine Instanz, die weiterhilft, unterstützt, ermutigt, ermahnt und jederzeit den Fortschritt und das Wohl der Menschen im Auge hat, die ihr anvertraut sind.

Im Übrigen erlaubt Benedikt dem Abt keinesfalls, sich autoritär aufzuspielen. Nicht nur, dass jeder Mönch ein Einspruchsrecht hat, falls er sich einer Aufgabe nicht gewachsen fühlen sollte, der Abt ist auch verpflichtet, sich mit allen Mönchen zu beraten, sooft Entscheidungen von einiger Tragweite anstehen. Auch der einzelne Mönch trägt Verantwortung für das Wohl der Gemeinschaft. Mönche und Abt sind einander also nicht nur im gemeinsamen Ziel verbunden, sondern auch in der gegenseitigen Verantwortung. So entsteht Gemeinschaftsgeist oder, wenn man so will, Teamgeist.

Wie fassen wir unsere Autorität auf? Wie üben wir sie aus? Das ist die entscheidende Frage im Hinblick auf eine humane Unternehmenskultur. Benutzen wir unsere Autorität zur Ab-

ABTPRIMAS NOTKER WOLF

wertung oder zur Aufwertung eines Menschen? Davon hängt das Arbeitsklima ab, davon hängt auch der Erfolg jedes Vorgesetzten ab. Keiner begibt sich gern in eine Abhängigkeit, die er als Entmündigung empfindet. Aber jeder lässt sich bereitwillig auf ein Abhängigkeitsverhältnis ein, das ihm Entfaltungsmöglichkeiten eröffnet, die er sonst gar nicht hätte – das trifft auf Mönche wie auf Arbeiter und Angestellte zu. Manager und Vorgesetzte sollten deshalb wissen, dass sie von ihren Leuten Disziplin und Einsatz fordern können, aber nicht vergessen dürfen, dass sie es mit Menschen zu tun haben. Vorgesetzte sollen Menschen führen, und das ist wahnsinnig schwer, weil Menschen Freiheit brauchen. Natürlich sorgen Chefs schon dadurch für ihre Arbeiter, dass sie ihren Betrieb mit wirtschaftlichem Sachverstand leiten und Arbeitsplätze erhalten oder schaffen. Aber das reicht nicht. Mitarbeiter brauchen Motivation und Freiheit, damit ein gegenseitiges Verantwortungsgefühl entsteht.

Es kommt aber noch ein anderer Aspekt hinzu: Nur motivierte und freie Menschen können kreativ sein, und darauf wird es künftig immer stärker ankommen. Know-how, Innovationskraft, Einfallsreichtum, Phantasie, darin liegt unsere Stärke, damit können wir auch in einem globalen Wettbewerb bestehen. Aber Kreativität lässt sich nicht herbeizwingen. Sie setzt Ruhe, Abstand, Gelassenheit und Freiheit voraus, auch Mut zum Unvollkommenen. Der Kreative betrachtet den Erfolg nur als eine Zwischenstufe, als ein Nebenprodukt, ihn interessiert das Ziel weniger als die Freude am Schaffen und Gestalten, weil er sich die kindliche Lust am Erfinden und den revolutionären Idealismus von Jugendlichen bewahrt hat. Solche Menschen werden gebraucht, und deshalb würde ich Unternehmer und Vorgesetzte ermutigen, in ihren Betrieben eine Atmosphäre zu schaffen, in der auch Querdenker ungeschützt ihre Meinung vorbringen dürfen. Es ist ja nicht zu erwarten, dass ein Einziger allein alle guten Ideen hat, deshalb ist es womöglich ratsam, Kreativgruppen zu bilden, die die betriebliche Entwicklung ständig begleiten. Wir haben in Sankt Ottilien jedenfalls sehr gute Erfahrungen mit unserem «Think Tank» gemacht. Das ist eine Arbeitsgemeinschaft aus jungen Mönchen unserer Kongregation, zwei bis drei aus jedem Kloster, die sich zur Aufgabe gemacht hat, über unsere Zukunft nachzudenken und Anregungen zu unterbreiten. Diese jungen Leute stehen per Internet über Kontinente hinweg untereinander in Verbindung und tragen tatsächlich gute, neue Ideen bei. Der erste Sekretär dieser Kreativgruppe ist mein Nachfolger in Sankt Ottilien geworden.

Es wird vielleicht nicht jedem Vorgesetzten behagen, seine Untergebenen an der Entwicklung neuer Ideen zu beteiligen – sei es, dass er seinen Mitarbeitern sowieso keine gescheiten Vorschläge zutraut, sei es, dass er um seine Autorität fürchtet, wenn er eigenständige Leistungen von Untergebenen anerkennen müsste. Das bedeutet aber nur, dass von Vorgesetzten in Zukunft ein gesundes Selbstbewusstsein verlangt wird, denn in einem Klima des Misstrauens und der Kontrolle kann Kreativität nicht gedeihen. Wenn ich also lese, dass 80 Prozent unserer Manager ihre Entscheidungen einsam treffen, dann entdecke ich hier hocherfreut ein enormes Potenzial, das sich ohne großen Kostenaufwand nutzen lässt. Führungskräfte brauchen nur einzusehen, dass Mitarbeiter keine Störfaktoren sind. Und wenn einer schlechte Erfahrungen mit «kreativen» Mitarbeitern gemacht hat, sollte er sich fragen, ob es vielleicht an ihm selbst liegt. Wenn ein Vorgesetzter wirklich zuhören kann, wenn er echte Gedankenfreiheit zulässt, dann legen sich Nörgelei und Rechthaberei von allein. Es wird ja den allermeisten einleuchten, wenn ihr Chef zu ihnen sagt: «Ich finde gut, was du sagst, aber du bist nicht allein auf der Welt, jetzt hören wir auch noch die ande-

ABTPRIMAS NOTKER WOLF

ren an.» Freiheit muss man eben einüben, auf der einen wie auf der anderen Seite.

Wie gesagt, ein Chef darf nicht um seinen Nimbus fürchten. Er sollte die Souveränität haben, seine Leute machen zu lassen, nicht hinter jedem her zu sein und nicht mit Vertrauensbeweisen zu knausern. Das zahlt sich aus, denn Vertrauen ehrt nicht nur, es spornt auch an. Und auf jeden Fall ist es ein Vergnügen, mit einem großzügigen Vorgesetzten zu arbeiten. Als Erzabt von Sankt Ottilien habe ich immer wieder mal erlebt, dass Mönche machten, was sie wollten. Das entsprach nicht unbedingt dem Mönchideal, aber als Abt habe ich fünfe bisweilen gerade sein lassen, und es sind die schönsten Ergebnisse dabei herausgekommen. So entdeckte ich beispielsweise eines Tages draußen auf unserem Bauernhof plötzlich Wachteln. Ich wusste gar nichts von deren Existenz. Auch von den Perlhühnern hatte mir keiner etwas gesagt. Fünf Mönche, drei junge darunter, arbeiteten seinerzeit auf diesem Hof, und die fragten nicht lange, wenn sie Einfälle hatten, die setzten ihre Eingebungen gleich in die Tat um. Genauso wie unser Jäger, der mich später mit seinem Gehege für Damwild überraschte. In solchen Fällen gibt es in Sankt Ottilien eben keinen Dienstweg, da zählt allein die Freude an der eigenen Leistung, und als Abt habe ich mich immer gerne mitgefreut – umso mehr, als sich die Wachteleier auch noch gut an die Gastwirte am Ammersee verkaufen ließen.

Was ich empfehle, ist im Grunde nichts anderes als eine möglichst kooperative Führung, eine weitgehende Beteiligung der Mitarbeiter an den Beratungen und Entscheidungsprozessen ihres Unternehmens, wie sie Benedikt schon im 6. Jahrhundert von den Äbten seiner Klöster verlangte («Tu nichts ohne Rat, dann brauchst du hinterher nichts zu bereuen», heißt es in seiner Regel). Die Chancen für die gedeihliche Entwicklung eines Betriebs erhöhen sich dadurch beträchtlich.

■ 17 ■   WORAUF WARTEN WIR?

Es wäre aber ein Fehler, allein auf den Einfallsreichtum junger Leute zu setzen. Die Wirtschaft wird weder auf die Erfahrung der Alten verzichten können noch auf deren Charakterfestigkeit. Bestimmte Qualitäten stellen sich mit den Jahren erst ein; sie bilden ein wertvolles Gegengewicht zu dem, was junge Leute zu bieten haben. Ich meine, dass sich Betriebe nicht einmal das Wissen ihrer Pensionäre entgehen lassen sollten. Jede Firma sollte alljährlich eine Zusammenkunft ihrer Ehemaligen organisieren, die den alten Damen und Herren Gelegenheit böte, bevorstehende Entscheidungen aus ihrer Sicht zu kommentieren.

Woran sich im Zeitalter der Globalisierung sicher nichts ändern wird, das ist der Stress, das Gefühl, überarbeitet zu sein, das viele Führungskräfte kennen. In dieser Hinsicht habe ich als ebenfalls gestresster Abtprimas einen großen Vorteil gegenüber dem weltlichen Führungspersonal: Im Kloster ist die Zeit eingeteilt und strukturiert. Ich unterbreche meine Arbeit viermal am Tag für das Chorgebet, immer zu denselben Stunden, und sage: «Schluss jetzt, Gott hat Vorrang, etwas Wichtigeres als Gott kann es für dich nicht geben. Diese halbe Stunde jetzt ist für Gott.» Und irgendwann habe ich festgestellt, das diese Zeit, die Gott gehört, auch die Zeit ist, die mir gehört. Die Zeit, in der ich nicht unter Druck stehe, in der ich Abstand gewinne und durchatmen kann, in der kein Mensch Anspruch auf mich hat. Viermal am Tag steige ich aus und erlebe das wunderbare Gefühl der Freiheit im schlimmsten Stress. Die Chorgebete sind für mich die Säulen des Tages. Und da ich mich auch auf Reisen meistens in Klöstern aufhalte, nehme ich in Afrika, Amerika oder Asien genauso an den Gebetszeiten teil wie hier in Sant'Anselmo. Überall singen wir dieselben Psalmen. Ich fühle mich deshalb an jedem Ort der Welt schnell zu Hause, und vielleicht ist das der Grund dafür, dass mir der Jetlag nie viel ausmacht.

ABTPRIMAS NOTKER WOLF

Solche Strukturen sind unentbehrlich, wenn man etwas leisten will. Man kann nicht zwölf Stunden durchgehend an ein und derselben Sache arbeiten. Der Mensch braucht einen Tagesrhythmus. Aber auf Arbeit, viel Arbeit werden wir uns einstellen müssen. Die Freude an der Leistung wird in Zukunft das A und O sein. Und es ist doch auch etwas Schönes, den ganzen Tag geschwitzt zu haben und am Ende ein Ergebnis vorweisen zu können. Das setzt doch Glückshormone frei. Ich glaube auch, dass künftig die alten deutschen Tugenden wieder eine große Rolle spielen werden. Tüchtigkeit, Redlichkeit, Treue, Selbstdisziplin – alles, was bei dem großen Kehraus von 68 weggefegt worden ist, das werden wir uns mühsam wieder aneignen müssen. Eigentlich sind es nämlich großartige Tugenden, durch die ich mich selbst als stark erfahre, was wiederum das Selbstvertrauen viel leichter macht. Ich sehe ja an anderen Kulturen, wie viel Selbstdisziplin dazugehört, erfolgreich zu sein. Man kann auf diesen Tugenden kein moralisches Weltbild aufbauen, das nicht. Aber wenn man sie gelernt hat, sind sie fast eine Garantie für den Erfolg. Dass man mit Pünktlichkeit, Gewissenhaftigkeit und Organisationstalent ein KZ leiten kann, wie der Einwand der Achtundsechziger lautete, spricht jedenfalls nicht gegen sie. Denn mit denselben Tugenden kann man ein KZ auch befreien.

Trauen wir uns doch wieder etwas zu. Nicht, wie in der Vergangenheit, nur das Schlechteste, sondern endlich wieder das Beste. Glorifizieren wir nicht mehr die Verweigerer, Aussteiger, Ablehner und Drückeberger, sondern die Einsteiger, die Macher, die Tüchtigen und Wagemutigen. Tragen wir unseren Teil dazu bei, dass in der Politik und in der Wirtschaft eine neue Zeit der Kreativität und der Experimente anbricht. Wir brauchen Menschen, brauchen Politiker, Gewerkschafter, Unternehmer, die sich etwas einfallen lassen. Die den Mut haben, Neues zu denken und Neues auszuprobieren.

Die nicht den Problemen der Gegenwart mit den Lösungen der Vergangenheit zu Leibe rücken. Deutschland muss ähnlich wie in den sechziger Jahren wieder zu einem Labor der Ideen werden. Und diesmal sollten die Realisten ihre Chance bekommen.

ABTPRIMAS NOTKER WOLF

■ 18 ■ GLEICHHEIT – EINE DEUTSCHE OBSESSION

Kann es sein, dass der Kommunismus gar nicht untergegangen ist? Dass er sich in Wirklichkeit, wie der Teufel in dem bekannten Bonmot von Baudelaire, nur unsichtbar gemacht hat, um unangefochten zu herrschen? Dass er diesmal durch die Hintertür gekommen ist und sich unter dem Pseudonym «Soziale Gerechtigkeit» bei uns eingeschmeichelt hat? Oder gibt es eine andere Erklärung dafür, dass wir Gerechtigkeit und Gleichheit nicht mehr auseinander halten?

Hinter uns liegen Jahrzehnte, in denen der deutsche Staat seine Bürger zu ihrem eigenen Besten betreut und bevormundet und bemuttert und gegängelt hat. So viel Vorschrift war nie – man frage nur mal seinen Steuerberater. Neue Steuern, neue Subventionen, neue Abgaben, neue Zuschüsse, neue Patentlösungen für Übelstände, die das Ergebnis alter Patentlösungen sind, und zu jeder Regel so viele Ausnahmen, dass die Ausnahme zur Regel wird. Schlechtergestellte müssen besser gestellt werden, Bessergestellte müssen schlechter gestellt werden, Ungleichgestellte müssen gleich gestellt werden, als wäre der ganze Staatsapparat ein gigantisches Stellwerk, das eine Weiche nach der anderen auf Gleichheit stellen muss, damit alle Züge in Richtung Gerechtigkeit fahren. Was in der Hauptsache dabei herauskommt, sind Paragraphen. Wenn man sich anschaut, wie viele Gesetze und Vorschriften ein Malermeister zu beachten hätte, wenn er alle Gesetze und Vorschriften befolgen würde, dann kann man nur von Freiheitsberaubung sprechen. Und die Unterschiede sind derweil immer größer geworden. Wenn das kein Holzweg ist …

Das ganze Land befindet sich unter der Vormundschaft tugendbeflissener Politiker, die der Chimäre der sozialen Gerechtigkeit nachjagen, dem Trugbild der Gleichheit opfern und die Dämonen des Egoismus, der Diskriminierung und der sozialen Kälte austreiben zu müssen meinen. Diese Politiker verkaufen uns den Staat als Beglückungsanstalt, und wir kaufen ihnen das ab. Wir lassen uns unsere Fortbildung vom Staat bezahlen und nehmen auch noch die Kilometerpauschale mit – irgendeine Art von Gleichheit wird sich schon finden, in deren Licht derartige Vergünstigungen als Gerechtigkeit erscheinen, und wenn es die Chancengleichheit von der Wiege bis zur Bahre ist. Vieles von dem, was sich der Staat an Programmen ausgedacht und an Eingriffen erlaubt hat, war anfangs angenehm, genauso vieles von zweifelhaftem Wert. Heute ist es überdies längst unbezahlbar.

Der moralische Rigorismus der Achtundsechziger verquickt sich hier mit dem romantischen Anspruch auf eine Utopie, ich habe bereits darüber gesprochen. Infolgedessen machen wir uns notorisch falsche Vorstellungen davon, was ein demokratischer Staat zu leisten vermag. Wir überfordern unsere Politiker. Wir zwingen sie dazu, das Unmögliche zu versuchen, und genau das tun sie dann. Sie schaffen ein Gesetzeswerk, das derartig umfangreich, vertrackt und undurchschaubar ist, dass es sich kaum noch reformieren und einer veränderten Wirklichkeit anpassen lässt. Sie ziehen immer mehr Kompetenzen an sich, weil Gleichheit nur durch Zwang aufrechtzuerhalten ist und allein eine mächtige Zentrale, die alles erfasst und alles reguliert, diese Art von Gleichheit gewährleisten kann. Sie legen denen, die ökonomisch denken können, die unternehmerisch erfolgreich sind, Steine in den Weg und zerstören damit die Triebfedern der Wirtschaft. Mit anderen Worten: Sie opfern Vernunft, Wohlergehen und Freiheit dem Ideal einer sozialen Gerechtigkeit, das in dem Augenblick Wirklichkeit würde, in dem alle gleichgestellt sind. Und die Gesellschaft hängt am Tropf der Politik.

ABTPRIMAS NOTKER WOLF

Nun gibt es einen ganz menschlichen Grund dafür, dass Gesellschaften seit jeher einen Hang zur Gleichheit haben: Unterschiede beunruhigen immer, denn jeder Unterschied stellt uns selbst infrage. Jeder Unterschied kann uns neidisch machen oder in Selbstzweifel stürzen oder das Selbstwertgefühl beeinträchtigen. Es gehört ein stabiles Selbstbewusstsein dazu, Unterschiede zu ertragen, auch ein gesunder Stolz, auch Reife. Kinder empfinden Unterschiede schnell als ungerecht. Aber in einer freien Gesellschaft wird von jedem erwartet, dass er ein hohes Maß an Ungleichheit erträgt, weil Unterschiede ein Zeichen für Freiheit und eine Folge von Freiheit sind. Der Mensch braucht Entscheidungsfreiheit, Gestaltungsfreiheit, Entfaltungsfreiheit, wenn er nach seinen Fähigkeiten und Möglichkeiten, nach seinen Anlagen und Begabungen leben – und über sich hinauswachsen will. Freiheit ist die Anerkennung der Tatsache, dass ein jeder anders und etwas Besonderes ist und nur dann eine Chance zum Glück hat, wenn er diese individuellen Eigentümlichkeiten zur Geltung bringen kann.

Die erste Aufgabe des demokratischen Staates wäre es also, die Freiheit des Einzelnen zu garantieren und zu schützen. Je weniger Gesetze es gibt und je einfacher diese Gesetze sind, desto eher ist dieser Schutz gewährleistet. Natürlich muss ein Staat auch soziale Aufgaben übernehmen. Er muss seine Dienste möglichst allen zugänglich machen, im Bereich der Bildung und der Gesundheit zum Beispiel, und er muss die wirklich Hilfsbedürftigen unterstützen. Ich halte einen Staat, der auf der Solidarität aller seiner Bürger beruht, für eine große Errungenschaft. Wenn diese Solidarität so weit geht, allen möglichst ähnliche Startchancen einzuräumen – umso besser. Aber eine soziale Gerechtigkeit, die im Prinzip auf die Gleichheit aller abzielt, ist nicht menschengerecht und damit weder sozial noch gerecht. Grundsätzlich sollte es in einer

Demokratie eine Gleichheit nur vor dem Gesetz geben, aber keine Gleichheit durch das Gesetz.

Wenn wir uns in den letzten Jahrzehnten dennoch angewöhnt haben, nur noch das für gerecht zu halten, was auf größere Gleichheit hinausläuft, stellt sich die Frage, wie es dazu gekommen ist. Meiner Ansicht nach hängt diese Entwicklung damit zusammen, dass sich die Politik kaum mehr am Wohl der Gesellschaft, dafür immer stärker am individuellen Lebensglück orientiert. Das bringt die Politiker in eine furchtbare Verlegenheit. Denn im Gegensatz zum Wohl der Gesellschaft ist das Lebensglück völlig ungreifbar. Das Gemeinwohl ist relativ leicht in Begriffe zu fassen – es beruht auf klaren Grundsätzen wie etwa der Anerkennung all jener naturgegebenen, kulturellen und sozialen Unterschiede, die zur vitalen Spannung einer Gesellschaft beitragen, sowie einer Leitkultur, in der sich die jeweils verbindlichen Normen, Regeln und Moralvorstellungen niederschlagen. Das Lebensglück des Einzelnen hingegen entzieht sich jeder Definition. Es ist vage, von Mensch zu Mensch verschieden, nicht planbar, und vor allem: Es ist ein Ergebnis und kein Grundsatz. Es steht am Ende eines offenen Prozesses, nicht am Anfang. Niemand kann sagen, was das Lebensglück im Einzelfall ist und wie man es findet. Eine Politik darauf zu begründen würde bedeuten, das Pferd von hinten aufzuzäumen.

Wenn unsere Regierenden ihre Gesellschaftspolitik trotzdem in den Dienst des Lebensglücks stellen, bleibt ihnen gar nichts anderes übrig, als alle Grundsätze über Bord zu werfen, alles zu vergessen, was sie über das Funktionieren einer Gesellschaft wissen – und die völlige Gleichwertigkeit aller Glücksansprüche anzuerkennen. Im modernen Sozialstaat sind wir also alle staatlich anerkannte Glücksanwärter und als solche alle gleich. Gleiches Glück für alle – und wehe, der Staat kommt uns nicht weit genug entgegen, nimmt unsere

ABTPRIMAS NOTKER WOLF

Forderungen nicht ernst, verweigert uns womöglich dieses oder jenes Glück ... Jeder Unterschied, jede Unterscheidung kann unter diesen Umständen als Privileg interpretiert und angeprangert werden, und womöglich brauchen wir gar nicht mehr lange auf die Vorschrift zu warten, die ein britischer Satiriker unlängst vorgeschlagen hat: dass niemand bei der Jobsuche wegen Inkompetenz benachteiligt werden darf.

Mit anderen Worten: Die Gleichheit wird zwangsläufig zur Obsession, wenn das individuelle Lebensglück zur obersten Richtschnur politischen Handelns wird. Im Grunde hat dann jeder mit jeder Forderung Recht. Und jeder hat das Recht, sich ungerecht behandelt zu fühlen, falls seine Forderung nicht erfüllt wird. Wenn alle Ansprüche gleichermaßen berechtigt sind, dann kann der Staat eigentlich nur noch nachgeben, gleichgültig, welche höheren Interessen auf dem Spiel stehen, welche Prinzipien er opfern muss. Es reicht, wenn sich Interessenvertreter oder Verbandssprecher darauf berufen, das Lebensglück dieser oder jener Gruppe sei betroffen.

In meinen Augen hat das fatale Auswirkungen. Denn zum einen ist der Staat nun gezwungen, mit einem absurden Aufwand an Spitzfindigkeit die gesetzliche Grundlage für eine Gleichheit zu schaffen, die der menschlichen Wirklichkeit Hohn spricht. Er unterminiert damit nicht nur die Freiheit seiner Bürger, er zerstört damit auch das kulturelle und moralische Fundament der Gesellschaft – die Gleichheitspolitik muss ja alle Maßstäbe zerstören, weil Maßstäbe immer Unterschiede und Abweichungen messen. Und zum anderen fördert diese Art von Gesellschaftspolitik bei den Bürgern die Vorstellung, zu den zu kurz Gekommenen und Benachteiligten zu gehören oder Opfer einer Ungerechtigkeit geworden zu sein, wenn Ansprüche einmal doch nicht anerkannt wurden. Je mehr Ansprüche der Staat erfüllt, desto größer werden die

Erwartungen, und immer ist es eine Frage der Gerechtigkeit, ob einer das gleiche Glück wie ein anderer genießt.

Es liegt also wohl doch nicht am Kommunismus, wenn Gerechtigkeit immer noch mit Gleichheit verwechselt wird. Die sozialistische Gerechtigkeit verwirklichte sich ja in der Gleichheit derer, die sich zufrieden geben. Die neue deutsche Gerechtigkeit zielt auf die Gleichheit derer, die sich nicht zufrieden geben. Im Endeffekt ist dieser Unterschied allerdings gar nicht so gravierend. Denn in beiden Fällen fühlt sich der Staat ermächtigt, sich einzumischen, wo immer er einen Unterschied entdeckt. Und in beiden Fällen bleibt die Freiheit auf der Strecke.

Ich möchte deshalb drei Vorschläge machen. Wenn uns an unserer Freiheit liegt, dann sollten wir als Erstes den Staat aus der Verantwortung für unser Lebensglück entlassen. Die gehört in unsere eigenen Hände. Und der Staat könnte sich wieder auf seine eigentlichen Aufgaben konzentrieren. Es reicht, wenn er da einspringt, wo wirklich Not am Mann ist, und uns im Übrigen unsere Freiheit lässt. Es gibt kein Menschenrecht auf ein bequemes Leben und vier Wochen Urlaub. Aus eigener Kraft zurechtkommen zu wollen ist ein Zeichen von Stolz und Selbstbewusstsein. Der Staat muss sich derer annehmen, denen die geistigen oder körperlichen Voraussetzungen fehlen, sich aus eigener Kraft zu helfen, er darf auch die Arbeitslosen nicht im Stich lassen. Aber ein Versorgungssystem, das jeder ausnutzen kann, ohne Gegenleistungen zu erbringen, ohne wirklich arm zu sein, das ist verkehrt.

Zweitens sollten wir gegen alle zentralistischen Bestrebungen misstrauisch sein. Die Neigung zu Patentlösungen, die Versuchung, allen auf dem Weg der Gesetzgebung zu ihrem Glück zu verhelfen, ist ein typische Produkt des Zentralismus. Zentralen müssen alles über einen Kamm scheren. Mir als Benediktiner geht das besonders gegen den Strich; eine tiefe

ABTPRIMAS NOTKER WOLF

Abneigung gegen jede Form von Zentralismus gehört ja zu unserer Ordenstradition. Streng genommen sind wir nicht einmal ein ordentlicher Orden, sondern eine Konföderation von zwanzig Kongregationen, also Klosterverbänden teils nationaler, teils internationaler Art. Diese Verbände sind lockere Zusammenschlüsse zur gegenseitigen Hilfe, mehr nicht. Die eigentliche Autorität liegt beim Abt und der Gemeinschaft des jeweiligen Klosters. Der große Vorzug einer solchen föderalen Struktur besteht für meine Begriffe darin, dass jedes Kloster sein Schicksal selbst bestimmen, seine eigene Identität finden, seine eigenen Traditionen entwickeln kann, unbehelligt von der Arroganz einer mächtigen Zentrale. Ein Benediktinerkloster ist deshalb auch kaum umzubringen, es sei denn durch äußere Gewalt. Natürlich erfordert eine so dezentrale Struktur eine enge Zusammenarbeit an der Basis, damit gemeinsame Anliegen verwirklicht werden können, die Unterstützung von Klöstern in ärmeren Ländern zum Beispiel oder ein einheitliches Profil der benediktinischen Schulen oder der Dialog mit Mönchen anderer Religionen. Aber die Lebenswirklichkeit unserer Mönche und Nonnen wird von ihnen selbst bestimmt, da geht jedes Kloster seinen eigenen Weg.

Ich halte das für beispielhaft. In kleineren Einheiten bleiben die Probleme und Aufgaben überschaubar, deshalb können dort auch am ehesten angemessene Lösungen gefunden werden. Die katholische Soziallehre hat diese Grundidee zum Prinzip der Subsidiarität weiterentwickelt, das sich auf jede Gemeinschaft und jede Gesellschaft anwenden lässt. Subsidiarität bedeutet nichts anderes, als dass jedes Problem auf der Ebene gelöst werden sollte, die dem Problem am nächsten ist. Wenn also eine niedrigere Ebene eine Aufgabe im sozialen Bereich übernehmen kann, dann sollte ihr die nächsthöhere Ebene diese Arbeit nicht abnehmen, und schon gar nicht die Zentrale. Die Verantwortung liegt mithin immer bei denen, die einen Fall aus der Nähe mitbekommen. Sicher ist es zum Beispiel sinnvoll, einem Schüler aus einer armen Familie einen Zuschuss zu seinen Fahrtkosten zu zahlen, wenn er eine längere Anfahrt hat. Aber diesen Zuschuss sollte nach dem Prinzip der Subsidiarität nicht der Bürgermeister bewilligen. Darüber sollte der Schulleiter befinden, der die Verhältnisse dieses Schülers viel besser beurteilen kann als ein Bürgermeister.

Und drittens sollten die Regierenden ihre moralische Kompetenz da unter Beweis stellen, wo es um das Wesentliche und Grundsätzliche geht, nämlich die Grundzüge einer humanen Gesellschaft, die durch technische Entwicklungen und wirtschaftliches Kalkül immer stärker bedroht wird. Ich denke da beispielsweise an den Umgang mit Sterbenden und mit dem ungeborenen Leben. Wer, wie in den Niederlanden geschehen, Euthanasie erlaubt, der löst einen Dammbruch aus; das geht dort inzwischen so weit, dass der Tod eines Menschen auf die Wochenmitte verlegt wird, damit das freie Wochenende seiner Angehörigen nicht gefährdet ist. Und wer abtreibt, maßt sich damit genauso eine Verfügungsgewalt über menschliches Leben an. An solchen Beispielen zeigt sich, dass das Lebensglück nicht gegen ethische Grundsätze ausgespielt werden darf. Nur der absolute Respekt vor der Menschenwürde kann verhindern, dass menschliches Leben irgendwann einen Stellenwert bekommt wie das von Versuchstieren in einem Labor. Hier geht es um Ewigkeitswerte. Wenn der Staat diese Werte schützt, leistet er den wertvollsten Beitrag zur moralischen Gestaltung der gesellschaftlichen Wirklichkeit.

ABTPRIMAS NOTKER WOLF

■ 19 ■ ERZIEHUNG IN DER KONSUMGESELLSCHAFT

Man kann sich seine Kindheit nicht aussuchen. Mein Vater war arm, ein gelernter Schneider und zeitlebens Schneidergeselle. Noch mit fünfundsiebzig stand er an der Bügelmaschine, in einer Firma für Trachtenmoden. Als ich geboren wurde, war er im Krieg. In den ersten sieben Jahren bekam ich ihn ein einziges Mal zu Gesicht. Ich konnte kaum erwarten, dass dieser fremde Mann wieder ging.

Ich war fünf, als der Krieg vorüber war. Die Amerikaner sind im Anmarsch, hieß es eines Tages, sie haben bereits Memmingen erreicht. Da fällten die Bauern sämtliche Obstbäume entlang der Chaussee, um die feindlichen Truppen aufzuhalten, und wir, meine Mutter und ich und die anderen, erwarteten die Amerikaner in einem überirdischen Bunker. Ich fand's spannend. Ein bisschen Angst war auch dabei. Hin und wieder ging einer an die Tür, um nachzuschauen, und gegen Abend sagte jemand: «Die kommen heute wohl doch nicht mehr. Oder sie sind schon durch, und wir haben's nicht bemerkt.» Also machten wir uns auf den Heimweg. Und auf halber Strecke zu unserem Haus sahen wir sie kommen. Im nächsten Moment rasselten zwanzig, dreißig Panzer an uns vorbei, einige zielten zum Spaß mit ihren Rohren auf uns, und meine Mutter stand Todesängste aus.

Zwei Jahre nach Kriegsende kam mein Vater aus der Gefangenschaft zurück. Ich erinnere mich, dass wir in den Sommermonaten manchmal gemeinsam mit einem Wägelchen in den Wald hinauszogen, wenn mein Vater abends von der Arbeit heimkam, um Holz zu sammeln. Erspähte er an einer Buche einen trockenen Ast, warf er ein Seil wie ein Lasso drum herum und riss ihn herunter. Wenn das Wägelchen voll war, setzte ich mich obendrauf, quietschvergnügt, und ab ging's, wieder nach Hause.

Wir hatten nicht viel, trotzdem war es ein frohes Haus. Es wurde viel gesungen. Und viel gearbeitet. Ich kenne meinen Vater nicht anders, als auf dem Küchentisch sitzend und Hosen flickend, oft bis Mitternacht. Offenbar war das eine vergnügliche Sache, denn er hat dazu gepfiffen und gesungen. Als er starb, war er lebenssatt und konnte gelassen Abschied nehmen. «Du», hat er mir zum Schluss gesagt, «ich habe nicht viel im Leben gewollt, ich hab halt das Meine gebracht, aber uns ist es immer gut gegangen, was wollen wir denn mehr?»

Gewiss, das waren andere Zeiten. Die Genügsamkeit gehörte zur Lebenskunst, sie war sogar die Voraussetzung dafür. Lebensernst und Lebensfreude standen nicht im Widerspruch. Der Idealzustand war erreicht, wenn es einigermaßen lief, und als Kind lief man irgendwie mit, erlebte alles mit, war nichts Besonderes und erwartete auch nicht, etwas Besonderes zu sein. Später hieß es, man müsse Kinder vor Frustrationen bewahren, damit sie nicht unglücklich werden. Dann hieß es, Erziehung sei überhaupt schädlich, Eltern sollten sich ganz heraushalten und ihren Kindern alles durchgehen lassen. Und heute ... Vor einigen Jahren sagte mir unser Schulleiter in Sankt Ottilien, die meisten Kinder seien übererzogen, überbehütet, überwacht. Vormittags würden sie in der Schule erzogen, und nachmittags würden ihre Eltern dann meinen, die am Vormittag versäumte Erziehung nachholen zu müssen. Und gleichzeitig würden sie ihren Kindern jeden Wunsch erfüllen und alles ersparen, was diese als Zumutung empfinden könnten, als wollten sie ihre Kinder mit dem wahren Leben verschonen.

Ich gestehe, dass jetzt, im Nachhinein, gelegentliche Sympathien für die antiautoritäre Erziehung in mir aufsteigen. Sicher war sie ein Irrtum, vom Ansatz her schon falsch, weil sie

ABTPRIMAS NOTKER WOLF

die Menschen für Unschuldsengel hielt. Aber dass man Eltern damals ausreden wollte, ständig ein Auge auf ihre Kinder zu haben und sich wer weiß was von ihren Erziehungsmaßnahmen zu versprechen, das war bestimmt richtig. Erziehung kann doch nicht heißen, sein Kind unter Daueraufsicht zu stellen. Kinder brauchen Eltern, die sich heraushalten, die sie in Ruhe lassen können. Kinder brauchen Freiheit. Zu dieser Freiheit gehört auch, dass man ihnen manche Frechheit, Aufmüpfigkeit oder Respektlosigkeit durchgehen lässt, solange sie wissen, was sie gerade tun. Wenn es ihnen zur Selbstverständlichkeit geworden ist, respektlos zu sein, ist damit für ihre Freiheit natürlich nichts gewonnen. In keinem Fall aber sollten Eltern ihre Kinder wie rohe Eier behandeln und sie mit einer Aufmerksamkeit und Fürsorge traktieren, der sie sich nicht erwehren können.

Kindern müsse man Frustrationen ersparen? Was ist denn Frustration? Die Erfahrung, dass es nicht immer nach dem eigenen Kopf gehen kann. Das kleine Einmaleins des Lebens. Und das soll ihnen erspart bleiben? Warum? Man tut Kindern ja keinen Gefallen, wenn man sie vor Enttäuschungen bewahrt. Kinder müssen ihre eigenen Erfahrungen sammeln, müssen auch mal auf die Nase fallen, dann wissen sie, dass es unten dreckig ist, und lernen daraus. Freiheit ist Risiko. Ich würde sogar sagen, dass zur Freiheit auch das Recht gehört, ins eigene Unglück zu laufen. Natürlich ist das schwer zu ertragen. Das bedeutet ja, sein Kind nicht vor jeder Gefahr zu schützen und davon abzusehen, immer weiter in dessen Leben einzugreifen, wenn mit Vernunftgründen nichts mehr auszurichten ist. Aber so weit, meine ich, müsste der Respekt vor der Freiheit gehen, dass man auch zusehen kann, wie etwas schief läuft, in der Schule zum Beispiel. Die Bekanntschaft mit dem Risiko der Freiheit und die Erfahrung, dass das eigene Verhalten immer Konsequenzen hat, sollte man jungen Menschen nicht vorenthalten. Als Erzieher oder Verantwortlicher muss ich mich deshalb von dem zwanghaften Impuls befreien, alles, was aus meiner Sicht kein gutes Ende nehmen kann, mit allen Mitteln verhindern zu wollen. Auch Erfahrungen mit der eigenen Dummheit oder Böswilligkeit sind wertvolle Erfahrungen – und wer weiß? Vielleicht stellt sich das, was ich für Leichtsinn oder Dummheit gehalten habe, am Ende für mein Kind auch noch als Glück heraus.

In dem ängstlichen Perfektionismus vieler Eltern äußern sich nach meinem Verständnis die ständigen Gewissensbisse von Menschen, die nicht mehr an ihre eigene Autorität glauben. Das ist nach 68 in der Tat auch schwierig geworden. Alle Maßstäbe, Grundsätze und Regeln wurden damals zur Willkür erklärt, mit dem Ziel, sie zu zertrümmern. Jeder, der sich auf eine Regel oder Norm berief, setzte sich jetzt dem Verdacht aus, in Wirklichkeit dem eigenen Machttrieb frönen zu wollen. Auf Grundsätzen zu bestehen war mit einem Mal unmoralisch geworden, ein Akt der Anmaßung, und Eltern waren kaum noch in der Lage, für sich selbst zwischen Willkür und sinnvollen Regeln zu unterscheiden. Keine Autorität konnte fortan ihres Vorsprungs an Erkenntnis, Wohlwollen oder Erfahrung noch sicher sein. Der einzige Ausweg bestand darin, alles zu tolerieren – jede Berufung auf Moralgesetze oder Normen hätte als Unterdrückungsmanöver verstanden werden können. Da sich die wenigsten diesem Verdacht aussetzen wollten, verzichteten viele Eltern nach und nach ganz auf ihre Autorität. Mit der moralischen Grundlage war auch der Autorität das Fundament entzogen worden.

Mittlerweile haben wohl die meisten Eltern eingesehen, dass es in der Erziehung Grenzen und Regeln geben muss. Heute scheint mir das Problem nicht mehr die fehlende Einsicht zu sein, sondern die Ratlosigkeit, die auf diese Einsicht folgt. Wo denn, bitte, Grenzen ziehen? Und auf welchen Re-

ABTPRIMAS NOTKER WOLF

geln bestehen? Erschreckend viele wissen gar nicht, was sie wollen sollen und was sie wollen dürfen. Die Hilflosigkeit von Eltern, ihr fortwährendes Kümmern und Eingehen auf alles, was ihre Kinder gerade treiben, dieses gefühlsmäßige Reagieren und Überreagieren ist die Folge eines totalen Verlustes an Normen und Prinzipien. Pädagogen, die mit Problemkindern zu tun bekommen, müssen Eltern immer wieder an Selbstverständliches erinnern, weil das Selbstverständliche längst nicht mehr selbstverständlich ist. Und das Staunen ist groß, wenn diese Pädagogen ihnen dann beweisen, um wie viel zufriedener ihre Kinder sind, wenn sie mit klaren Geboten und Verboten konfrontiert werden.

Die einzige Sorge vieler moderner Eltern scheint zu sein, dem Glück ihrer Kinder im Weg zu stehen. Also bloß nicht eingreifen, um ja nichts falsch zu machen, nichts verbieten, nichts verlangen, aber sich um alles kümmern. In jedem Augenblick steht ja das künftige Lebensglück der Kinder auf dem Spiel, jede Erziehungsmaßnahme könnte katastrophale Folgen haben, und wer möchte schuld am Unglück seiner Kinder sein? Was kann man mit einem einzigen Verbot nicht alles anrichten! Auch daher die Unsicherheit, das Hinundherschwanken zwischen Behelligen und stummem Gewährenlassen, diese Erziehung ohne Grund und Boden – alles aus dem Wunsch heraus, seinen Kindern jede Erfahrung ersparen zu wollen, über die sie ihr ganzes Leben lang womöglich nicht mehr hinwegkommen. Anstatt ihnen Halt, Sicherheit, Festigkeit zu geben, sie lebenstüchtig zu machen, sie mit den Spielregeln der Zivilisation vertraut zu machen, lässt man sich von der Angst leiten, seinen Kindern und ihrem künftigen Glück im Weg zu stehen.

Jetzt ist es so, dass sich auf dem Lebensglück genauso wenig eine Erziehung wie eine Gesellschaftspolitik aufbauen lässt. Wer sich in seiner Erziehung also nach dem künftigen

Lebensglück seines Kindes richtet, kommt über eine negative Erziehung nicht hinaus. Er fragt sich nicht mehr: «Was gebe ich meinem Kind mit, weil ich es für wesentlich und grundlegend halte?», sondern: «Wovor muss ich es bewahren, womit verschonen, was darf ich ihm um Gottes willen nicht zumuten?» Die Zwangsvorstellung, dass ein Verbot unendliche und furchtbare Konsequenzen haben könnte, bestimmt diese Erziehung. Die negative Erziehung läuft also letztlich darauf hinaus, sich als Eltern mit der Leibwächterrolle gegenüber seinen Kindern zu begnügen. Erwachsene strecken deshalb reihenweise die Waffen vor den Ansprüchen ihrer Kinder. Das Lebensglück rechtfertigt jede Kapitulation. Dass es überhaupt nichts rechtfertigt, weil dieses Lebensglück ein Gespenst ist, ungreifbar und undefinierbar, traut man sich kaum noch zu denken.

Und deshalb reicht es auch nicht, einem Kind nur seine Liebe zu schenken. Natürlich ist Liebe wichtig, aber sie ist nur eine Voraussetzung für gute Erziehung. Die Liebe muss hellsichtig, sie muss klug und vernünftig sein, sie muss jederzeit das Ziel der Erziehung vor Augen haben, und dieses Ziel kann meiner Auffassung nach nur darin bestehen, jungen Menschen zur Selbständigkeit zu verhelfen. Wer sich allein von seiner Liebe leiten lässt, der verweigert seinem Kind die Lebenstauglichkeit, denn Liebe allein macht nicht selbständig, sie macht abhängig. Und diese Erziehung zur Selbständigkeit verlangt heute größere Anstrengungen als je zuvor, weil wir in einer Konsumgesellschaft leben, die kaum noch etwas anderes kennt als den Ritt auf der Lebensglück-Welle.

Das geht ja gleich in der Schule schon los, mit dem Terror der Mode und Moden, mit der kopflosen Flucht aus jeder familiären oder kulturellen Tradition und mit der Anpassung an Trends, die global über die Medien als Heilsbotschaften verkauft werden. Hinzu kommt die Allgegenwart einer Werbung,

ABTPRIMAS NOTKER WOLF

die alle Schranken niederzureißen und jeden inneren Widerstand zu brechen versucht, die uns einhämmert, schon deshalb etwas haben zu müssen, weil wir sonst aus dem Kreis derer ausgeschlossen sind, die es bereits besitzen. Du gehörst nicht dazu – das ist die Drohung, die sich hinter allen Verheißungen der Werbung verbirgt und Kindern die Angst vor der Isolation einflößt. Gegen die Verlockungen dieses Massenglücks hilft nur eins: sich nicht zum Massenmenschen machen zu lassen. Mit anderen Worten: einen Stolz, eine Identität zu haben. Also zu wissen, was man will, weil man weiß, wer man ist.

Identität. Was ist damit gemeint? Gar nicht so leicht zu sagen. Wobei die Definition zunächst einmal ganz einfach klingt: Die Identität ist mein Wesenskern. Das, was mich ausmacht und von anderen unterscheidet. Was mich unverwechselbar macht. Zur Identität gehört meine gesamte Lebensgeschichte, meine charakterliche Entwicklung, meine inneren Auseinandersetzungen und Kämpfe, meine Siege und Niederlagen, meine Einstellungen und Überzeugungen, aber auch meine natürlichen Anlagen und meine biologischen Bedingungen. All das eben, was mich einzigartig macht. Das Problem mit der Identität ist nur: Ich habe meine Lebensgeschichte nur zum geringen Teil selbst geschrieben. In dem Augenblick, in dem ich mir meiner Identität bewusst werde, finde ich sie im Wesentlichen schon vor. Nichts habe ich beeinflussen können, meinen Geburtsort nicht, meine Eltern nicht, meine Muttersprache nicht, meinen Charakter nicht und meine Gesichtszüge auch nicht – alles ist vorgegeben. Identität ist also unausweichlich. Sie wird von der Lebenswirklichkeit geformt, ohne dass wir allzu viel Einfluss darauf hätten.

Ich betone das, weil uns die Popkultur und die Werbung mit einer ganz anderen Vorstellung von Identität beliefern. Da wird suggeriert, man könne sich seine Identität wie aus einem Warenhauskatalog zusammenstellen; Identität wäre demnach eine Art Verkleidung, in der man sich nur möglichst überzeugend bewegen und präsentieren muss. Entweder ist damit dann jene «coole» Massenidentität gemeint, die sich nicht nur Jugendliche von modischen Attributen mit Signalwirkung versprechen, oder aber eine Patchwork-Identität, die, wie der Name sagt, aus Fetzen aller möglichen Vorbilder oder Kulturen zusammengenäht wurde. Beides ist ein Widerspruch in sich. Man kann sich seine Identität nicht aussuchen. Patchwork- wie Massenidentität stellen ihrem Eigner lediglich das Zeugnis aus, dass er gar keine Identität besitzt. Oder genauer: dass er von der Schwäche seiner Identität weiß und um ihren Halt bangt. Hinter beidem steht immer die Befürchtung, ohne Verkleidung ein Niemand zu sein. Und beides hat zur Folge, dass sich das Menschsein nur noch auf die Rollen beschränkt, die einer im Leben spielt.

In den Rollenbildern, die die Soziologie fleißig beschreibt, bleibt von Identität jedenfalls nichts mehr übrig. Da wird nur noch Anpassung an die Rolle, Aufgehen in der Rolle verlangt. Wie vollkommen nichtssagend solche Rollenbilder sind, habe ich einmal im eigenen Haus erlebt. 1992 war eine Kommission gebildet worden, die eine Aufgabenbeschreibung des Abtprimas erarbeiten sollte. Da ging es also um die Rolle und die Rollen, die er spielen sollte. Und nach langem Mühen fiel die Katze dann doch wieder auf die eigenen Füße – es kam nämlich dabei heraus, dass es letztlich davon abhängt, was der jeweilige Abtprimas aus seinem Amt macht. Wenn mir heute jemand sagt, dies oder jenes passe nicht zu meiner Rolle, dann antworte ich ihm: Das sind Vorurteile. Ich bestimme meine Rolle selbst. Zu meinen Aufgaben gehört es nämlich, herauszufinden, wie ich dem Orden am besten dienen kann. Sicher gibt es satzungsmäßig vorgeschriebene Pflichten. Aber die Persönlichkeit prägt das Amt – wie in jedem Unternehmen.

Wenn ich bedenke, wie früh Kinder heute glauben, sich

ABTPRIMAS NOTKER WOLF

Rollen anpassen oder Rollenerwartungen erfüllen zu müssen, dann fühle ich mich in meinen Ansichten über Erziehung nur bestärkt. Ich rate Eltern daher, ihre Kinder zu Menschen zu erziehen, die ihre Rolle verlassen und unabhängig von Rollen denken können, die also deshalb über eine große innere Freiheit verfügen, weil sie eine starke Identität mit einem entsprechenden Widerstandspotenzial haben. Aber wie kommt es zu einer starken Identität?

Zunächst einmal ist die Identität ja nichts anderes als ebendieses Konglomerat aus Erfahrungen und Dispositionen, das mit jedem Tag des Lebens wächst. Damit daraus ein Selbstwertgefühl entsteht, braucht ein Kind Menschen, die ihm Selbstwert vermitteln, die ihm das Gefühl geben: Du bist etwas wert. Du kannst dich auf dich selbst verlassen, denn du bist etwas wert. Das muss ein junger Mensch in seiner Erziehung also vor allem anderen erleben, die Bestätigung von Eltern, die jederzeit zu Lob und Anerkennung bereit sind. Das heißt nicht, dass Eltern leicht zufrieden zu stellen sein sollen. Auch Kritik gehört dazu. Kritik ist ja ebenfalls eine Form der Bestätigung – das Lob einer Mutter, die niemals etwas auszusetzen hat, die immer beide Augen zudrückt, ist irgendwann natürlich nichts mehr wert. Beides, Anerkennung wie auch Kritik, bestätigt das Kind in seiner Identität, und mit der Zeit erfährt es diese Identität nicht mehr als zufälliges Konglomerat aus Anlagen und Erfahrungen, sondern als einen Wert. Als etwas Besonderes und Wertvolles. Als eine Einzigartigkeit, die es mit allen anderen Menschen teilt. Aus diesem Selbstwertgefühl speist sich dann das Bewusstsein der eigenen Würde, und das wiederum macht einen Menschen auf Dauer relativ unabhängig von der Bestätigung durch seine Umwelt oder den Lockangeboten der Identitätsindustrie.

Das Fundament zu einer stabilen Identität kann meinem Dafürhalten nach nur in der Familie gelegt werden, nicht in einem Kinderhort, und später, in der Schule, schon gar nicht. Die Verwurzelung in einer Familienkultur spielt für die Identität eine entscheidende Rolle; ist sie nicht gegeben, erwarten Kinder von ihren eigenen Eltern schon bald keine Orientierung mehr. Nur wenn ein Kind in einer Familie aufwächst, erlebt es seine eigene Geschichte als Teil einer größeren Geschichte, erfährt es seine Identität als Variante einer dauerhafteren, größeren Identität, die es im besten Fall zu Stolz berechtigt und zu Selbstachtung verpflichtet. Im Übrigen entwickelt sich auch das Verantwortungsbewusstsein nur im ständigen Kontakt mit Personen, die einem Kind nahe stehen, deren Autorität es anerkennt, denen das Kind es – ganz einfach ausgedrückt – recht machen möchte. Diese Personen können nur die Mutter und der Vater, allenfalls noch die Geschwister sein, aber keine Kindergärtnerinnen. Man lernt Verantwortung eben nur im tagtäglichen Umgang mit Menschen, zu denen eine starke Gefühlsbeziehung besteht. Den Triumph eines Feminismus, der die Funktion einer Mutter und ihre Aufgaben lächerlich macht, halte ich für ein Desaster.

Ich kann Eltern nur raten, nicht aufzugeben. Ich weiß, wie schnell Kinder heute ihren Eltern entgleiten. An sich ist das ein natürlicher Ablösungsprozess, nur dass er heute aufgrund der medialen Allgegenwart globaler Vorbilder und der zunehmenden Clan-Mentalität junger Leute viel früher einsetzt, nämlich bevor noch der einzelne Jugendliche gefestigt ist und einen Begriff von seiner Verantwortung bekommen hat. Da entscheidet dann eben auch, wie stark ein Kind von Anfang an in seine Familie eingebunden war und wie viel Zeit seine Eltern aufmerksam mit ihm verbracht, ihm zugehört und sich auf seine Sorgen und Freuden eingelassen haben. Eltern werden sich dann auch ihrerseits beschenkt fühlen durch das Vertrauen, das ihre Kinder ihnen schenken, und das Hineinwachsen in deren Lebenswelt.

ABTPRIMAS NOTKER WOLF

In jedem Fall bedeutet es eine große Herausforderung, Kinder in einer Konsumgesellschaft zu selbständigen Menschen zu erziehen. Die Chancen dazu sind – so erstaunlich das klingen mag – umso größer, je eher es gelingt, in seinen Kindern die Bereitschaft zum Verzicht zu wecken.

Verzichten. Früher wurde das, zumindest in katholischen Häusern, während der Fastenzeit geübt, wenn Kinder ihre Süßigkeiten oder Groschen einen Monat lang aufsparen mussten und nicht anrühren durften. Ich könnte mir denken, dass eine Erziehung zum Verzicht vielen modernen Eltern als geradezu unmoralisch erscheinen wird, als Versündigung am Glück ihrer Kinder. Sinnvoll ist der Verzicht trotzdem, weil er die Willenskraft stärkt und zu innerer Souveränität verhilft. Denn Verzicht ist Freiheit. Wer verzichten kann, der versteht es, auf Abstand zu sich selbst zu gehen und aus dieser Distanz heraus besser zu beurteilen, was gut und wichtig für ihn ist. Der wird nicht so leicht von Trends oder Moden mitgerissen und aufgesogen, und letztlich profitiert er ein Leben lang von dem Gewinn an Entscheidungsfreiheit, den das Verzichten-können mit sich bringt. Dafür brauchen Kinder allerdings ein positives Ziel, das den freiwilligen Verzicht lohnt, das ihn plausibel genug erscheinen lässt, um sie vom Sinn des Verzichts zu überzeugen. Der Verzicht sollte als notwendiges Durchgangsstadium verstanden werden, um Größeres zu erreichen. Im Grunde geht es also um die Fähigkeit, Wichtiges von Belangloserem zu unterscheiden und Prioritäten zu setzen.

Man kann dabei ganz beruhigt auf die Einsicht von Kindern setzen. Kinder sind verständig, und es bestärkt sie, es bestätigt ihren Wert, wenn sie als vernunftbegabte Wesen von Erwachsenen ernst genommen werden. Ich habe manchmal den Eindruck, dass Erziehung bei uns bedeutet, Kinder für dumm zu verkaufen, für dumm und unzurechnungsfähig. Aber Kindern leuchtet das meiste von dem, was uns einleuchtet, ebenfalls ein, ja, sie sind regelrecht dankbar, wenn man sie als vernünftige Wesen behandelt und nicht wie Schwachköpfe, denen man besser nicht zu nahe tritt, weil sie sonst ausrasten könnten. Sicher muss man Kindern mehr erklären als Erwachsenen, aber wenn man das tut, darf man bei ihnen mit Einsicht rechnen, genau wie bei einem Erwachsenen.

Und noch ein Drittes, neben Identität und Verzicht, genauso bedeutsam für die Erziehung zur Selbständigkeit: Maßstäbe und Regeln. Erklären, was vernünftig ist, ist gut und schön. Aber es gibt in jedem von uns noch andere Kräfte, unabhängig vom Verstand, nämlich Triebe und Instinkte. Der griechische Philosoph Platon bezeichnete sie als schäumende Rosse, die durch die Zügel des Wagenlenkers gebändigt und in die richtige Richtung dirigiert werden müssen. Das heißt, erst die Selbstdisziplin befähigt uns zum sinnvollen Gebrauch unserer Freiheit. Disziplinlosigkeit aber führt zur Zerstörung der Freiheit und zur Zerstörung des Menschen. Jede Gemeinschaft braucht Regeln, die nicht jedes Mal neu ausgehandelt werden müssen. Neue Regeln kann man unter Geschwistern aushandeln, für irgendein gerade erfundenes Spiel. Aber mit der Gesellschaft kann man Regeln nicht aushandeln, das geht über unsere Kräfte, da muss es Übereinkommen geben, die stillschweigend gültig sind. Wer in der Erziehung auf Regeln pfeift, der verrät sein Kind, der beraubt es der Chance zur Selbständigkeit. Die Regel ist der Anfang des Weges, sagt Benedikt. Später aber erhält sich der Mensch die Freiheit nicht mehr durch die Regel, sondern durch seine eigene Klugheit und die Lehren der noch Klügeren.

Und dann gibt es noch eins, was Eltern tun können, wenn ihnen am Glück ihrer Kinder wirklich liegt: zusammenbleiben. Eine Scheidung ist so ziemlich das Schlimmste, was man seinen Kindern zumuten kann. Alle denkbaren Lösungen im Fall einer Scheidung sind gegen die Kinder gerichtet. Ich habe

ABTPRIMAS NOTKER WOLF

Siebzehnjährige einmal in einem Kurs nach ihrem traurigsten Erlebnis gefragt. «Als ich mit neun Jahren gemerkt habe, dass meine Eltern sich auseinander gelebt hatten und es in meinem dreizehnten Lebensjahr zur Scheidung kam», sagte mir einer, der immer bedrückt wirkte. Das Beste wäre, wenn Eltern sich zusammenraufen würden, so wie meine Eltern das getan haben. Manches Mal bin ich als Kind dazwischengeraten, wenn sie sich in die Haare bekamen, und es war herrlich, dann doch die goldene Hochzeit der beiden zu erleben. Jeder hatte gelernt, zurückzustecken, den anderen gelten zu lassen und seine Wunderlichkeiten nicht so tragisch zu nehmen. Sie waren reif geworden, wie es geschieht, wenn man «in guten und schlechten Zeiten» zusammenhält. Sie waren einander treu geblieben. Ich glaube, dass auch ein solches Vorbild Kindern zur Freiheit verhilft.

■ 20 ■ AUF DEN LEHRER KOMMT ES AN

Vor etlichen Jahren wurde ein Schüler unseres Gymnasiums in Sankt Ottilien vom Blitz erschlagen. Er hatte mit seiner Klasse draußen auf dem Sportplatz Fußball gespielt, als ein Gewitter aufzog. Nach dem ersten Grollen brach der Lehrer das Spiel ab, die Klasse machte sich auf den Weg zum Umkleideraum, da kam aus trockenem Himmel ein Blitz, fuhr mitten in die Gruppe und tötete einen der Jungen.

Daraufhin schickte uns die Schulbehörde Psychologen, die das schreckliche Erlebnis mit den überlebenden Schülern aufarbeiten sollten. Sie sind unverrichteter Dinge wieder abgezogen. Wir brauchten keine Psychologen. Schüler und Lehrer hielten zusammen, verstanden diese Tragödie als eine Probe ihres Glaubens und suchten gemeinsam einen Weg, als Christen damit fertig zu werden. Was hätten Schulpsychologen uns sagen können? Am meisten hat mich damals die Haltung der Eltern des verunglückten Jungen beeindruckt. Sie sagten: «Gott hat uns unseren Sohn für ein paar Jahre geschenkt, jetzt hat er ihn genommen. Wir wissen nicht, warum. Aber wir freuen uns, dass wir ihn bei uns haben durften.» Der Vater, ein Schreiner, tischlerte selbst den Sarg für seinen Sohn, und dann wurde der Leichnam in Sankt Ottilien zum Requiem aufgebahrt. Sankt Ottilien, sagten die Eltern, sei die Heimat ihres Sohns gewesen, und dort solle er nun auch Abschied nehmen.

In jenen Tagen hat sich einmal mehr gezeigt, dass Lehrer und Schüler unserer Schule wirklich eine Gemeinschaft bilden. Das ist immer mein Wunsch gewesen. Wir haben einen hohen Klosterturm, und ich habe mir immer gewünscht, dass alles, was sich im Schatten dieses Turms abspielt, in einem familiären Geist geschieht. Die Schule und die Klostergemeinschaft

ABTPRIMAS NOTKER WOLF

als eine Großfamilie, das ist mein Ideal, und ich glaube, dass wir diesem Ideal sehr nahe kommen. Sankt Ottilien ist tatsächlich vielen Schülergenerationen zur Heimat geworden; unsere Abiturienten sprechen jedenfalls manchmal – leicht selbstironisch – von einer Insel der Seligen.

Was unterscheidet unsere Schule von staatlichen? Auch in Sankt Ottilien müssen sich die Lehrer ja an die Lehrpläne halten. Aber das Klima bei uns ist ein anderes. Wir haben in Sankt Ottilien keine Drogen und keine Gewalt. Unsere Lehrer sind hoch motiviert. Man unternimmt vieles gemeinsam, auch außerhalb der Schulzeit, im Streichorchester, im Blasorchester, in Chören und in Rockbands; alle paar Jahre wird ein Zirkusfest gefeiert, und einmal im Monat treffen sich unsere Schüler mit Jugendlichen aus halb Bayern zu einer Jugendvesper. Auch unsere Ehemaligen setzen sich nach Kräften für Schule und Schüler ein. Und dann – von unseren Schülern wird Leistung erwartet. Die Aufnahmekriterien sind streng. Wir verlangen einen bestimmten Notendurchschnitt und führen mit allen Aufnahmegespräche. Auch das Engagement der Eltern im Pfarrgemeinderat beispielsweise fällt dann ins Gewicht. Außerdem habe ich darauf geachtet, dass unsere Schülerzahl nie 700 übersteigt, damit der Schulbetrieb nicht anonym wird. Anonymität fördert die Aggressivität, und bei 700 Schülern können sich Lehrer und Schüler zumindest noch das Gesicht eines jeden merken. Deshalb mussten wir auch unser Einzugsgebiet begrenzen – wenn wir uns für München geöffnet hätten, wären zwei oder drei weitere Schulen nötig gewesen.

Letztlich ist wohl wieder das ausschlaggebend, was ich als Identität bezeichne. Als benediktinische Schule haben wir so etwas wie eine Tradition, eine Geschichte, eine Ausstrahlung. Ich glaube, dass an dieser ganz bestimmten bayerischen Mentalität, dieser Unaufgeregtheit, dem Traditionsbewusstsein, dem Unabhängigkeitssinn, auch der benediktinische Geist mitgewirkt hat; viele in Bayern haben ja Benediktinerschulen besucht, gerade von denen, die in der Öffentlichkeit stehen. Wir begreifen uns eben nicht nur als Ergänzung zu den staatlichen Schulen, wir wollen Kindern mehr mitgeben. Bei uns sollen sie mit den christlichen Werten vertraut gemacht werden und erfahren, was alles an geistigen und seelischen Kräften in ihnen steckt. Ein Ministerialdirigent im bayerischen Kultusministerium hat mir einmal gesagt: «Ihr hattet früher so alte Hasen als Lehrer, pädagogisch gewiefte alte Hasen, die Disziplin verlangten und souverän waren und nicht bloß den Lehrplan abgearbeitet haben. Ich hoffe, ihr habt sie immer noch.» Damit hatte dieser Mann die beiden entscheidenden Punkte angesprochen: Es kommt in der Schule auf den Lehrer an, und es geht dort um den ganzen Menschen.

Ich glaube, dass die Person des Lehrers in jeder Bildungseinrichtung die entscheidende Rolle spielt. Woran erinnern wir uns denn, mit Freude oder mit Grausen und auf jeden Fall mit Humor, wenn wir an die Schule zurückdenken? Nicht an Lehrpläne, nicht an Lehrbücher, wohl aber an Lehrer. Es geht eben nicht nur um Wissensvermittlung. Junge Menschen brauchen Bezugspersonen, wie kleine Gänse Bezugsgänse brauchen. Menschen werden durch Menschen geprägt, und wenn das nicht geschieht, entwickeln sie keine Konturen und keinen Charakter. Ich erinnere mich noch an alle meine Lehrer. Darunter gab es einen, der furchtbar unbequem war, richtig grantig, und als er die Schule verließ, mussten wir uns alle eingestehen: Dieser Mann war gerecht. Der hat für uns die Gerechtigkeit verkörpert. Gerechtigkeit, Eifer, Treue, das sind ja keine Werte, die man sich theoretisch im Ethikunterricht aneignen kann, die muss man an anderen Menschen erfahren. Wir hatten damals genug Abstand zu uns selbst, dass wir von einem Lehrer nicht erwarteten, uns das Leben leicht zu machen und gefällig zu sein und bei den Noten entgegen-

ABTPRIMAS NOTKER WOLF

zukommen – so konnte ein Lehrer als Autorität einerseits fachliche Maßstäbe setzen und andererseits ganz persönliche, menschliche Qualitäten zur Geltung bringen.

Was durch die antiautoritäre Revolution alles verloren gegangen ist ... Zum Beispiel Menschen, die das Recht haben, Forderungen zu stellen, Leistung zu verlangen und junge Menschen mit Herausforderungen zu konfrontieren. Wie soll ein Lehrer seine Aufgabe erfüllen, wenn die herrschenden Didaktiker davon ausgehen, Schüler könnten sich wie Münchhausen am eigenen Schopf aus dem Sumpf der Unwissenheit und Unmündigkeit herausziehen? Allein dieses unsinnige Verbot des Erzählens. Nicht nur, dass man im Unterricht mit Erzählen Interesse weckt – an der Sprache des erzählenden Lehrers bilden sich ja auch die sprachlichen Fähigkeiten der Schüler. Und dann, viel schlimmer noch, die Ausrichtung der Bildung auf Zwecke. Da wird Lebenstauglichkeit mit Wirtschaftstauglichkeit verwechselt, Leben wahrscheinlich mit Wirtschaft und Bildung mit einer bestimmten Summe unumgänglicher Informationen. Berufstätigkeit als höchste Erfüllung menschlicher Existenz – das Lebensglück lässt grüßen. Wobei die Lehrpläne auch noch beweisen, wie wenig diejenigen, die sie aufgestellt haben, von Wirtschaft verstehen. Wenn man als Manager später kurzfristig entscheiden und langfristig planen soll, dann kommt es weniger auf gespeicherte Serien von Detailkenntnissen an als auf das Vermögen, sauber zu denken und zu analysieren, sowie auf sprachliche Ausdrucksfähigkeit – und vor allem: Selbständigkeit und Selbstdisziplin.

Wir haben seinerzeit mehr von unserer Schulzeit gehabt, weil Schule damals noch die Aufgabe hatte, zu selbständigem Denken anzuregen. Und diesem Anspruch sind die meisten unserer Lehrer gerecht geworden. Der Deutschunterricht bot die Gelegenheit, sich über die Werke der deutschen Literatur den wichtigen Fragen des Lebens zu nähern. Und wenn wir in den Griechischstunden Platons *Symposion* besprachen, dann wurde um Begriffe gerungen, dann wurde über die Tugend geredet und über das, was ein Leben wertvoll macht. Schule war ein Ort des Nachdenkens. In Latein lasen wir die antiken Staatstheoretiker, von Sallust bis Cicero, und bekamen so eine Ahnung davon, was es bedeutet, politisch zu denken und zu handeln. Und als mich mein Abt später zum Studium nach Sant'Anselmo schickte, meinte er: «Wir brauchen Philosophen. Gehen Sie für drei Jahre nach Rom, lernen Sie Scholastik; ob Sie später etwas damit anfangen können, ist die Frage, aber Sie lernen dabei auf jeden Fall klares Denken.»

Wenn die Schule heute nur noch bedingt ihren Zweck erfüllt, hat das meiner Ansicht nach im Wesentlichen zwei Ursachen: Zum einen hat man jahrzehntelang versucht, den menschlichen Faktor im Bildungsprozess auszuschalten, weil man den Lehrern nur eine unheilvolle Rolle bei den gesellschaftspolitischen Aufgaben zutraute, die man der Schule zugedacht hatte – die waren unsichere Kandidaten, die mussten zu Technikern der Wissensvermittlung gemacht und auf Impulsgeber reduziert werden. Und zum anderen trat das Ziel, junge Menschen lebenstauglich zu machen, immer mehr in den Hintergrund gegenüber dem Zweck, sie für den Arbeitsmarkt fit zu machen, ihre Aussichten auf beruflichen Erfolg zu vergrößern. Für beide Entwicklungen sind Politiker verantwortlich, die sich irgendwann plötzlich einbildeten, als Einzige genaue Vorstellungen vom irdischen Glück zu haben und besser als jeder andere zu wissen, was fürs Volk gut und heilsam ist. Dieselben Politiker schauen sich heute hilfesuchend in Finnland um.

Nein, es geht nicht ums System. Es geht nicht um Halbtags- oder Ganztagsschulen oder neue Curricula. Damit ist gar nichts gewonnen. Gewonnen wäre nur etwas mit Politikern, die endlich von ihren gesellschaftspolitischen Schlachtrössern

ABTPRIMAS NOTKER WOLF

herabsteigen und öffentlich heilige Eide schwören, sich künftig aus dem Glück anderer Menschen heraushalten zu wollen. Und die sich dann ganz bescheiden daranmachen, in der Bildungspolitik die Grundlagen dafür zu legen, dass jeder bei uns sein Glück auf eigene Faust und auf ganz eigenen Wegen suchen kann. Und anders als bisher ohne Erfolgsgarantie.

Dann könnten sich Lehrer endlich wieder auf ihre eigentliche Aufgabe besinnen, nämlich junge Menschen auf ein Leben vorzubereiten, das sehr viel mehr zu bieten hat als beruflichen Erfolg. Sie könnten sie zum Denken und Verstehen anleiten und in den Stand versetzen, nach und nach und immer besser die Welt und sich selbst zu begreifen. Die Praxis zeigt ja, dass Schüler dann mitziehen, dass sie sich dann für ein Fach interessieren und mitarbeiten, wenn ein Lehrer nicht nur Stoff vermittelt, sondern gleichzeitig durch seine Persönlichkeit überzeugt, einen eigenen Stil hat, ein guter Erzähler ist, der auch in naturwissenschaftlichen Fächern etwas über Hintergründe und Wissenschaftsgeschichte berichten kann, der souverän ist und Autorität hat, viel verlangt, über vieles auf dem Laufenden ist und vielleicht sogar über Selbstironie verfügt. Unter solchen Voraussetzungen würde der Lehrerberuf womöglich wieder Freude machen.

Mir jedenfalls macht diese Arbeit Freude. Ich könnte mir sogar vorstellen, später einmal als Nachhilfelehrer zu arbeiten und junge Menschen wieder aufzurichten, die niedergeschlagen sind und wegen ihres Misserfolgs in der Schule keine Zukunft mehr sehen. Als Erzabt hatte ich immer den Ehrgeiz, schwachen Schülern auf die Beine zu helfen. Gelegentlich habe ich mich eines Schülers angenommen, von dem seine Lehrer glaubten, er sei zu dumm für Latein. Ich habe ihm gezeigt, wie Sprache die Wirklichkeit beschreibt und nachkonstruiert, dass man mit dem Verb anfangen muss, also mit der Handlung, sich dann die Frage stellt, wer handelt und worin die Handlung besteht und wie man die Umstände einer Handlung sprachlich berücksichtigt, und oft war dann von Dummheit bald keine Rede mehr.

Lernen ist ein ganzheitlicher Prozess, andernfalls ist es Dressur, Abrichtung auf banale Daseinszwecke. Selbständigkeit kann man nicht anerziehen, aber man kann sie fördern, man kann junge Leute zur Selbständigkeit ermuntern und darauf hinwirken, dass sie sich in jeder Lebenssituation zurechtfinden. Also ein wenig von der Mentalität wecken, wie sie unsere Missionare früher hatten, die einfach ins Ungewisse starteten, keinerlei Sicherheit kannten, aber guten Mutes waren, mit allen Schwierigkeiten fertig zu werden. Erwachsen werden heißt, sein Leben in die eigenen Hände zu nehmen, sich für sein Leben verantwortlich zu fühlen. Den einen Weg zum Glück gibt es nicht. Es gibt viele Wege. Und es gibt Irrwege. Was das angeht, müssten Lehrer die Autorität und das Recht und die Zivilcourage haben, die gröbsten Irrtümer beim Namen zu nennen.

Ich sehe zwei. Beiden liegt ein Missverständnis darüber zugrunde, was Freiheit ist. Der eine Irrtum ist der Uniformierungswahn, hauptsächlich der männlichen Jugendlichen. Einmal ganz abgesehen davon, dass ich mich frage, ob es den Begriff des Hässlichen nicht mehr gibt – wie können sich Menschen ausgerechnet unter Berufung auf ihre Freiheit in Kleidung und Aufmachung dem totalen Gruppenzwang unterwerfen? Ist denn Freiheit das Recht, sich massenhaft auch der absurdesten Mode zu unterwerfen, auch den schwachsinnigsten Trend noch mitzumachen? Hat die Befriedigung einer hemmungslosen Nachahmungssucht irgendetwas mit Freiheit zu tun? Offenbar lädt außerhalb der Popkultur und der Konsumgüterindustrie nichts und niemand mehr zur Identifikation ein, sodass von der Freiheit nur noch der Anspruch übrig bleibt, das tun zu dürfen, was alle gerade tun. Aber sind

Eltern und Lehrer wirklich machtlos? Kann man nicht offen darüber reden, dass dieser Kostümierungszwang das genaue Gegenteil von Selbstbestimmung ist? Wäre es nicht auch Sache der Schule, über Vorbilder zu sprechen und Prägungen bewusst zu machen? Fast möchte ich vorschlagen, im Unterricht einmal über den Gleichheitsbegriff des heiligen Benedikt zu sprechen, dem keine Gleichheit in Maß und Zuschnitt vorschwebte, sondern eine Gleichheit aller Menschen im Hinblick auf ihren Wert und ihre Würde.

Meine zweite Randbemerkung betrifft die Mädchen. Ich finde, dass der erotische Wettbewerb an der Schule nichts zu suchen hat. Die Schule ist nicht bloß eine lästige Zwischenstation zwischen Disco und Bräunungsstudio. Wir sind alle Menschen, wir reagieren auf sexuelle Reize, und es muss Zonen geben, in denen der gängig gewordene Exhibitionismus vorübergehend unterbleibt. Nabelfreie Zonen. Jedes Mädchen muss akzeptieren, dass die Schule eine Sphäre ist, in der die sexuelle Anziehungskraft keine Rolle spielen sollte. Als Lehrer würde ich einer Schülerin, die glaubt, zusammen mit ihren Hausaufgaben ein erotisches Feuerwerk abliefern zu müssen, ganz öffentlich erklären, welches Spiel sie da treibt. Du stellst deine sexuelle Anziehungskraft aus, würde ich ihr sagen, um zu beweisen, dass du dich stark genug fühlst, jeden Mann zurückzuweisen, der sich dadurch angesprochen fühlt. Das ist Heuchelei. Weil du genau weißt, dass es in deinem Belieben steht, jeden Blick als sexuelle Belästigung zu interpretieren und die geringste Annäherung tragisch zu nehmen – mit möglicherweise fatalen Folgen für den Lehrer.

Solche und andere Probleme, die die Unterrichtsqualität beeinträchtigen, müssten in enger Zusammenarbeit zwischen Schule und Eltern gelöst werden. Nur gemeinsam können Schule und Elternhaus den Einfluss von Werbung, Popkultur und Jugendkult da zurückdrängen, wo er schädlich ist. Lehrer haben ohnehin genug damit zu kämpfen, dass die Schulwirklichkeit und die Lebenswirklichkeit ihrer Schüler immer weiter auseinander klaffen. Wenn sich Politiker, Eltern und Schulen auf den eigentlichen Zweck von Bildung und Unterricht besinnen könnten, wäre doch allen gedient.

ABTPRIMAS NOTKER WOLF

▪ 21 ▪ VISION MENSCHENWÜRDE

In Tansania wurde ich einmal beim Verlassen eines Hospitals von einem einbeinigen, alten Mann angesprochen. Er war gerade behandelt worden und bat mich, ihn in das Tal mitzunehmen, aus dem er stammte. Er hatte es vor langer Zeit verlassen und sich als Söldner durchs Leben geschlagen, wie er mir erzählte, war lutherisch getauft worden, dann anglikanisch geworden, die Unterschiede interessierten ihn nicht weiter, waren ihm wohl auch schleierhaft, und jetzt wollte er zurück in seine alte Heimat, an seinen Ort, wo er aufgewachsen war, um sich ein Grab zu schaufeln, weil er dort und nur dort begraben zu sein wünschte. Das war ihm ernst, aber kein furchtbarer Gedanke, er wusste einfach, dass es an der Zeit war, sich auf den Tod vorzubereiten.

Diese Geschichte wollte ich vor Jahren im deutschen Rundfunk erzählen, in einer Sendung zu Allerheiligen. Die Moderatorin war schockiert. Das könne man doch um Himmels willen nicht einfach so erzählen, sagte sie, das sei «unseren Hörern» nicht zumutbar. Ich ließ es bleiben. Wahrscheinlich fand sie die Erwähnung des Todes an sich nicht einmal anstößig. Das Empörende für sie war vermutlich die Vorstellung, dass jemand seinen eigenen Tod in aller Ruhe ins Auge fasst. Für sie als Deutsche des ausgehenden 20. Jahrhunderts wäre wohl Panik die normale – und natürliche – Reaktion angesichts des eigenen Todes gewesen, und die Gefasstheit des alten Mannes wird ihr womöglich als Ausdruck einer «typisch afrikanischen» Hoffnungslosigkeit oder Verzweiflung vorgekommen sein.

Zwei verschiedene Blicke auf Leben und Tod, der afrikanische und der westliche. Der afrikanische des alten Mannes illusionslos, nüchtern, schicksalsergeben. Und der westliche der Rundfunkmoderatorin? Für mich ein anschauliches Beispiel dafür, wie weit wir Menschen der westlichen Hemisphäre uns in eine Kunstwelt hineingesteigert haben, in der die natürlichen Bedingungen unserer Existenz vor allem als alarmierender Beweis für die eigene Unvollkommenheit gelten. Und zweifellos, wir sind unvollkommen. Wir sind sterblich, unsere Kräfte sind beschränkt, die Natur setzt uns Grenzen. Natürlich hätten wir Europäer es nie so weit gebracht, wenn wir uns mit unserer Unvollkommenheit nach afrikanischer Art abgefunden hätten. Europäisch ist es, sich niemals mit einem vorgefundenen Zustand abzufinden. Bei uns gibt es eine unaufhörliche Entwicklung, weil wir von Anfang an mit dem Christentum über eine immer während Quelle der Hoffnung verfügten, über die Vision einer besseren Welt. Allerdings hat der Westen bei seinen imponierenden Anstrengungen, die Unvollkommenheit unserer Natur zu besiegen, inzwischen den Schritt von der Vision zur Illusion vollzogen. Zu der Illusion, dass schlechterdings alles möglich ist und alles machbar und alles Machbare von Vorteil für uns wäre.

Dieser Machbarkeitswahn ist für mich das große Problem unserer Zeit. Das Bestreben, sich im Machtrausch an die Stelle Gottes zu setzen, sich selbst für den Schöpfergott zu halten und nicht mehr bereit zu sein, eine gegebene Schöpfung zu übernehmen und zu bewahren. In dem Moment, in dem Gott ausgeschaltet wird, in dem der Mensch die Nabelschnur zu Gott durchtrennt, kommt er zu immer größenwahnsinnigeren, immer bombastischeren Vorstellungen von sich selbst. Er lässt keine Regel mehr gelten, setzt sich über die letzten Grenzen hinweg und schwingt sich zu dem abenteuerlichen Optimismus auf, der Mensch könne die Welt, die Gesellschaft, die Moral neu erfinden. In letzter Konsequenz führt diese Selbstüberschätzung zur Entmenschlichung der Gesellschaft, weil schließlich auch der einzelne Mensch seinen Status als

ABTPRIMAS NOTKER WOLF

Geschöpf verliert und zum Objekt der Allmachtsphantasien seiner Mitmenschen wird.

Der Mensch als ein einziges Bündel aus Variablen, beliebig formbar, beliebig verformbar, je nach Zeitgeschmack – dieser Irrglaube beherrscht vor allem die Gesellschaftspolitik und die Naturwissenschaften. Wenn der Mensch als Schöpfergott in die Naturordnung eingreifen darf, dann kann er natürlich auch die Biologie des Menschen manipulieren, und wenn er moralische Ordnungen nach eigenem Gutdünken aufstellen darf, dann braucht er selbstverständlich auch die Gesetze der Verhaltensbiologie nicht mehr zu berücksichtigen, dann kann er Zivilisationsmodelle durchzusetzen versuchen, die die natürlichen und seelischen Bedingungen menschlicher Existenz ignorieren, und sich obendrein seinen Traum von ewiger Unschuld erfüllen. Um ein relativ harmloses Beispiel zu nennen: Wenn Zufall und Natur keine Rolle mehr spielen, dann gibt es eben auch keine mehr oder weniger begabten Kinder mehr, dann kann jeder Staatssekretär werden, dann hat jeder ein Recht auf Karriere, dann braucht die Politik eigentlich nur dafür zu sorgen, dass alle die gleichen Chancen bekommen – und sämtliche Unterschiede, die trotzdem weiterhin auftreten, muss sich der Staat, die Schule, der Lehrer dann als Versagen anrechnen lassen.

Wirklich beängstigend finde ich, dass in unseren Tagen der Traum vom Homunkulus wahr geworden ist, vom Menschenklon, vom Retortenbaby, vom Kind à la carte. Ich frage mich, wie solch ein künstlich erzeugtes Kind sich fühlen wird, wenn es merkt, dass sein Geschlecht, seine Talente, sein Charakter und sein Aussehen vorherbestimmt wurden, vielleicht aus der Kartei einer Samenbank stammen, anhand der Spendereigenschaften ausgesucht, dass es mithin ein Produkt des beschränkten Verstandes und des mittelmäßigen Geschmacks seiner Eltern ist. Bisher konnte sich ein Mensch sagen: Ich bin durch Gottes Willen oder den Zufall zur Welt gekommen. Wird es in Zukunft heißen müssen: Ein Labor hat mich gezeugt? Ich bin, wie meine Eltern mich gewollt haben? Eine Kreatur jener Menschen, die mich in dieser Form ins Leben gerufen haben? Dann wäre es aus mit der Freiheit des Menschen und der Würde der Person. Denn zur Grundlage der Menschenwürde gehört, dass niemand über mich und die Umstände meiner Existenz verfügt, weder zu Beginn des Lebens noch am Lebensende.

Wenn wir uns nicht mehr mit der Vorstellung einer Schöpfung und eines Schöpfergottes anfreunden können, sollten wir eines bedenken: Unantastbar bin ich nur als Geschöpf. Nur als Geschöpf kann ich mich darauf berufen, dass meine Existenz sich einem höheren Willen verdankt und meine Mitgeschöpfe deshalb keine Macht über mich haben. In dem Augenblick, wo dieser höhere Wille bestritten wird, stehe ich als Mensch nackt und schutzlos da, einer Meute von hemmungslosen Schöpfergöttern aus Wissenschaft, Technik und Politik ausgeliefert, die jetzt nichts mehr hindert, mich als Versuchskaninchen für ihre menschheitsbeglückenden Experimente zu benutzen. Wozu es führt, wenn dem Menschen seine Rechte als Geschöpf Gottes aberkannt werden, das haben wir im 20. Jahrhundert erlebt – zu geschätzten fünfzig Millionen Toten durch den Nationalsozialismus, zu geschätzten hundert Millionen Toten durch den Kommunismus. Und heute könnte der Machbarkeitswahn zur Dekadenz unserer gesamten Zivilisation führen.

Die Menschenwürde wird mit Füßen getreten, wo die Unverfügbarkeit der menschlichen Existenz nicht respektiert wird. Heute droht diese Gefahr weniger von totalitären Regimes als von den schier grenzenlosen Möglichkeiten der Technik. Je mehr technisch machbar ist, desto gründlicher müssen wir die Konsequenzen bedenken. Der Mensch kann heute über alles

ABTPRIMAS NOTKER WOLF

hinausgehen, er kann jede Grenze überschreiten, deshalb lautet die Alternative: Selbstbescheidung oder Größenwahn. Und deshalb müssen wir uns selber Grenzen setzen, müssen wir unser Leben gestalten, indem wir ihm Form und Inhalt geben und unsere Freiheit dazu benutzen, unsere Grenzen selbst zu bestimmen. Die Freiheit, auf Form und Grenzen zu verzichten, haben wir nicht.

Sich als Geschöpf zu akzeptieren bedeutet aber auch, einzusehen, dass die Natur uns vorgegeben ist und wir nicht beliebig in ihre Kreisläufe eingreifen dürfen. Man kann daher auch Fragen der Liebe, der Ehe, der Sexualität, der Geburtenregelung nicht bedenken, ohne zu berücksichtigen, dass wir als Menschen Teil der Natur sind. Das ist der Grund, weshalb die Kirche immer darauf geachtet hat, sich in ihren Glaubenssätzen nicht von der Natur und den Naturgesetzen zu entfernen. Sie erkennt die Natur als gottgeschaffen an, und diese Überzeugung bildet die Brücke zwischen Vernunft und Glauben. In diesem Sinne ist die katholische Theologie sehr rational. Die Kirche tritt also nicht für eine willkürliche Glaubensangelegenheit ein, sondern erhebt einen Universalitätsanspruch – nicht, weil sie anmaßend über Menschen verfügen möchte, sondern weil sie davon ausgeht, dass es eine allgemeine Vernunft gibt und eine Natur mit ihren Normen und Gesetzlichkeiten, die es vor menschlicher Überheblichkeit zu schützen gilt.

Wer das akzeptiert – und das tun ja viele, gerade in Deutschland –, dem dürfte es eigentlich nicht schwer fallen, auch den Menschen, auch sich selbst als Geschöpf zu verstehen. Wenn sich der eine oder andere dennoch nicht damit abfinden mag, liegt es vielleicht an der Befürchtung, als Geschöpf seine persönliche Freiheit zu verlieren. Das wäre ein Missverständnis. Denn unsere Verantwortung für die Schöpfung leitet sich aus der Tatsache her, dass wir selbst ein Teil von ihr sind, und diese

Verantwortung könnten wir gar nicht übernehmen, wenn wir nicht frei wären. Nur weil wir frei sind, besteht überhaupt die Gefahr der Selbstüberschätzung, des Machbarkeitswahns, und nur weil wir frei sind, ist Bescheidenheit angebracht. Bedroht ist unsere Freiheit meiner Überzeugung nach erst dann, wenn wir Bescheidenheit mit Mutlosigkeit verwechseln, wenn wir vor dieser verantwortlichen Freiheit zurückschrecken und uns womöglich vorsorglich der Aufsicht eines Staates unterstellen, der uns vor uns selbst in Schutz nehmen soll. Nichts kann unsere Freiheit gründlicher beeinträchtigen, als wenn wir den Staat zu unserem Vormund bestellen, deshalb möchte ich zum Schluss an zwei wichtige Voraussetzungen der persönlichen Freiheit erinnern: Vertrauen und Stolz.

Manchmal habe ich den Eindruck, als wäre es mit dem Vertrauen bei uns nicht allzu weit her. Als würde sich bei uns immer wieder der Glaube an die Schlechtigkeit des Menschen durchsetzen, sobald es konkret und praktisch wird. Da ist der Einzelne zwar gut, theoretisch jedenfalls, weshalb man ihm auch nicht hineinreden darf, aber die Gesellschaft ist merkwürdigerweise trotzdem schlecht, und dieser Schlechtigkeit muss ständig mit Gesetzen entgegengewirkt werden – als ob ohne Vorschrift kein Mensch wüsste, wie er sich, wenn's drauf ankommt, zu verhalten hätte. Mag sein, dass es mit unseren hehren Idealen zu tun hat, wenn wir so gerne Anstoß nehmen, anderen im Grunde kaum einen Verstand zutrauen, ihre Schwächen schnell für einen Beweis von Charakterlosigkeit nehmen und Verhaltensweisen heftig kritisieren, für die man anderswo ein müdes Lächeln oder Schulterzucken übrig hätte.

Die Freiheit allerdings hat es unter solchen Bedingungen schwer. Denn Freiheit, individuelle Freiheit, beruht ganz wesentlich auf Vertrauen, und dieses Vertrauen äußert sich in der schlichten Annahme, dass jeder andere zumindest ebenso vernünftig und billig handelt wie ich selbst. Es hat also mit Freiheit zu tun, wenn einer dem anderen – bis zum Beweis des Gegenteils – erst einmal gute Absichten unterstellt. Solange man seine Mitmenschen verdächtigt, etwas im Schilde zu führen, unfähig oder böswillig zu sein, so lange muss man sie natürlich in Schach halten, durch eine Flut von Vorschriften zum Beispiel. Geht man aber davon aus, dass ein jeder erwachsen genug ist, mit seiner Freiheit verantwortlich umzugehen, dann kann man auf manches Gesetz verzichten – und wird sich alle gut gemeinten Entmündigungsversuche verbitten.

Freiheit, individuelle Freiheit, gedeiht nach meinem Dafürhalten also eher in einer Gesellschaft, in der man dem anderen zugute hält, was man für sich selbst in Anspruch nimmt, nämlich vernünftig und anständig zu sein. Meiner Erfahrung nach profitiert die Freiheitsliebe darüber hinaus von einer Eigenschaft, die in Deutschland fast vollständig aus der Mode gekommen ist – dem Stolz.

Damit meine ich zum einen etwas, das man als persönlichen Unabhängigkeitswillen bezeichnen könnte. Die Entschlossenheit, allein zurechtzukommen, sich nicht unterkriegen zu lassen. «Ich schaffe es selber» ist das Motto des stolzen Menschen. Auch der Stolz auf die eigene Leistung ist gegebenenfalls angebracht, sofern er nicht in Dünkel umschlägt. Wer glaubt, für alle Zeiten der Beste zu sein, bloß weil er früher vielleicht einmal der Beste war, hat schon verloren. Davon abgesehen möchte ich den Stolz aber in einem noch umfassenderen Sinne verstanden wissen.

Nach 68 hat sich in Deutschland die Ansicht durchgesetzt, dass Stolz auf die Leistung anderer ein Unding sei – stolz könne man nur auf Selbsterreichtes sein. Den Achtundsechzigern lag ja viel daran, alles, was im Entferntesten wie Nationalstolz aussehen könnte, zu einem absurden Missverständnis zu erklären. Das Missverständnis liegt hier allerdings bei denen, die Stolz nur dann durchgehen lassen wollen, wenn er der eigenen Leistung gilt, denn wohlverstandener Stolz ist eine uralte Aneignungsstrategie. Im Stolz reklamiere ich kulturelle Errungenschaften für mich, indem ich mich zu ihrem Sachwalter und Verteidiger mache. Durch den Stolz setze ich mich also in ein Erbe ein, sei es nun die Familiengeschichte oder eine regionale Tradition oder die Kultur einer Nation, und mache dieses Erbe zu meiner Sache, zu meiner Aufgabe. Der Stolz bewahrt mich davor, leichtfertig damit umzugehen, es gering zu schätzen und das gering Geschätzte aufzugeben. Nur wenn ich auf meine Sprache, meine Kultur, mein Land, meine Herkunft stolz bin, werde ich Sprache, Kultur und Traditionen dieses Landes oder Volkes verteidigen, nur dann haben sie für mich einen Wert, den sie für andere, die nicht dazugehören, niemals haben können. Der Stolz ist also ein Bewusstsein dafür, dass es viel zu verlieren gibt.

Dieser Stolz ist ein starkes Motiv dafür, seine Freiheit zu verteidigen. Wer sich freiwillig in Abhängigkeit begibt, der gibt eben auch all das auf, was ihn ausmacht, worauf sich seine Identität begründet. Das heißt, der Stolz kann mich von praktischen Rücksichten und materiellen Erwägungen frei machen, wo immer es um kulturelle Werte geht, er kann mich auch dann unbeugsam machen, wenn es aus praktischen Gründen zehnmal klüger wäre, sich zu beugen. Stolz hat mit eigenen Maßstäben zu tun, hat mit Selbstachtung zu tun, hat mit einer tief sitzenden Skepsis gegenüber bequemen Lösungen zu tun. Wenn also zum Beispiel nicht einmal mehr die Vernunft uns davor warnt, die deutsche Sprache dem Englischen zu opfern, dann sollte wenigstens der Stolz uns davor bewahren. Sicher brauchen wir eine Verkehrssprache, und die kann nach Lage der Dinge nur Englisch sein. Aber wie jedes Volk brauchen auch wir darüber hinaus eine Kultursprache, und die kann nur unsere Muttersprache sein.

ABTPRIMAS NOTKER WOLF

Europas Erbe ist die Einheit in der Vielfalt. Vielleicht ist es tatsächlich eine benediktinische Eigenart, für dieses Erbe eine besondere Verantwortung zu empfinden. Viele Benediktiner des Mittelalters haben diese Einheit in der Vielfalt ja selbst gelebt, Anselm von Canterbury zum Beispiel, der Namenspatron unseres Benediktinerkollegs Sant'Anselmo in Rom. Er kam 1033 im italienischen Piemont zur Welt, wurde im Kloster von Cluny in Burgund erzogen, trat dann in das normannische Kloster von Le Bec ein, wo er Abt wurde, und beschloss sein Leben 1109 als Erzbischof von Canterbury in England. Die Heimat dieser Mönche war Europa, deshalb konnten sie auch einen wesentlichen Beitrag zur geistigen Identität dieses Kontinents leisten. Die europäischen Traditionen der Freiheit, der Gleichheit aller Menschen vor Gott und der Solidarität sind auf dem Boden des Christentums entstanden, den Leute wie Anselm von Canterbury bereitet haben. Und die besonderen benediktinischen Werte eignen sich in meinen Augen genauso zu Grundwerten eines vereinigten Europas – der Respekt vor dem Individuum gehört dazu, die soziale Verantwortung, die Wertschätzung der Arbeit und die Abneigung gegen jede Art von Maßlosigkeit.

Wir besitzen also ein Fundament. Wir können wissen, wer wir sind. Wir haben deshalb keinen Grund zu Pessimismus. Pessimismus ist oft ein Zeichen von Selbstbetrug. Solange wir uns der europäischen Werte bewusst sind, brauchen wir uns nicht zu scheuen, die Fakten zur Kenntnis zu nehmen. Nur Realisten können auf Dauer optimistisch sein.

Realismus aber schließt Visionen nicht aus. Im Gegenteil. Ich halte nicht viel von Träumen; Visionen hingegen sind meiner Ansicht nach unentbehrlich, wenn man vor großen Herausforderungen steht. Visionen beflügeln, sie lassen auch große Ziele erreichbar erscheinen, Ziele, denen man entgegenfiebern kann. Wann immer ich an die Sanierung eines Klosters gehe, frage ich nach der Vision seiner Mönche oder Nonnen. Was wollt ihr?, frage ich sie. Warum seid ihr beisammen? Wie wollt ihr miteinander leben? Was wollt ihr arbeiten? Und wie wollt ihr die Liturgie feiern? Auch für unsere Projekte in China hatte und habe ich eine Vision. Auf welchen Wegen ich ihr näher komme, das zeigt sich von Fall zu Fall; Strategien und Lösungen hängen stets von den Umständen ab. Das Ziel bleibt in meinen Vorstellungen jedoch dasselbe, und auch an meiner Zuversicht, es zu erreichen, ändert sich nichts. Solche Zuversicht bleibt gar nicht aus, wenn man immer wieder aufs Neue erlebt, dass Visionen begeistern und frische Kräfte freisetzen. Bei einem Kranken spricht man, sobald er wieder Hoffnung schöpft, von Selbstheilungskräften.

Abenteuer Leben bei rororo

«Ich bin Mensch, ich habe gelitten, ich war dabei.»
Walt Whitman

Chris Heath
Feel: Robbie Williams
rororo 61998

Ralph «Sonny» Barger
Hell's Angel
Mein Leben
rororo 61453

Abini Zöllner
Schokoladenkind
*Meine Familie
und andere Wunder*
rororo 23663

Volker Skierka
Fidel Castro
Eine Biographie
rororo 61386

Carola Stern
Doppelleben
Die bedeutende politische
Publizistin erzählt ihr Leben.
rororo 61364

Jana Hensel
Zonenkinder
rororo 23532

Amon Barth
Breit
Mein Leben als Kiffer
Eine Jugend im Dauerrausch: «Ich
bereue nicht die Erfahrungen, die
ich gemacht habe, sondern dass
ich meine Jugend versäumt und
viele Erfahrungen nicht gemacht
habe.» (Amon Barth)

rororo 62046

Weitere Informationen in der Rowohlt Revue *oder unter* www.rororo.de

Politik, Zeitgeschichte, Gesellschaft

Woher wir kommen, wohin wir gehen ...

Joachim Fest
Begegnungen
Über nahe und ferne Freunde
rororo 62082

Martin/Schumann
Die Globalisierungsfalle
*Der Angriff auf Demokratie
und Wohlstand.* rororo 60450

Martina Rellin
Klar bin ich eine Ost-Frau!
*Frauen erzählen aus dem richtigen
Leben.* rororo 61912

Daniela Dahn
Demokratischer Abbruch
Von Trümmern und Tabus
rororo 61973
Spitzenzeit
*Lebenszeichen aus einem
gewesenen Land.* rororo 61117
Wenn und Aber *Anstiftungen
zum Widerspruch.* rororo 61458
Westwärts und nicht vergessen
Vom Unbehagen in der Einheit
3-499-60341 1

Heiner Geißler
Was würde Jesus heute sagen?
*Die politische Botschaft des
Evangeliums.* rororo 60594

Peter Bofinger
**Wir sind besser,
als wir glauben**
Wohlstand für alle

rororo 62107

Weitere Informationen in der Rowohlt Revue *oder unter* www.rororo.de